中世纪的生活
平民的故事
Medieval Life
The stories of ordinary people in the Middle Ages

英国BBC历史 编

何道宽 译

SPM
南方传媒　花城出版社

中国·广州

图书在版编目（ＣＩＰ）数据

中世纪的生活：平民的故事 / 英国BBC历史编；何道宽译. -- 广州：花城出版社，2024.1（2025.1重印）
　书名原文：BBC History-Medieval Life
　ISBN 978-7-5749-0040-0

Ⅰ．①中… Ⅱ．①英… ②何… Ⅲ．①文化史－欧洲－中世纪 Ⅳ．①K503

中国国家版本馆CIP数据核字(2023)第197240号

合同版权登记号：19-2023-216
Copyright©Immediate Media Company Bristol Limited, 2017
项目合作：锐拓传媒 copyright@rightol.com

出 版 人：张　懿
责任编辑：揭莉琳
责任校对：李道学
技术编辑：凌春梅
封面设计：庄海萌

书　　名　中世纪的生活：平民的故事
　　　　　ZHONGSHIJI DE SHENGHUO PINGMIN DE GUSHI
出版发行　花城出版社
　　　　　（广州市环市东路水荫路 11 号）
经　　销　全国新华书店
印　　刷　佛山市迎高彩印有限公司
　　　　　（佛山市顺德区陈村镇广隆工业区兴业七路 9 号）
开　　本　880 毫米 × 1230 毫米　32 开
印　　张　7.625　1 插页
字　　数　137，000 字
版　　次　2024 年 1 月第 1 版　2025 年 1 月第 2 次印刷
定　　价　58.00 元

如发现印装质量问题，请直接与印刷厂联系调换。
购书热线：020-37604658　37602954
花城出版社网站：http://www.fcph.com.cn

BBC HiSTORY 译者前言

一、题解

本书题名看似一目了然，却颇费思量，需要解读。

——其主标题"中世纪的生活"就值得考问：

1. 何谓"中世纪"？其时间长度、地域广度、意涵所指都清楚吗？不需要深究吗？

2. 什么"生活"？政治、经济、文化生活？贵族、骑士、平民生活？

——其副标题"平民的故事"（The stories of ordinary people）也值得考问：

1. 何谓"平民"（ordinary people）？明明覆盖了从帝王将相到农奴、佃农、自耕农、工匠、小商贩等各阶级、各阶层的整个社会范围，为什么要选用"ordinary"这样的字眼？至于ordinary people是否要译成"平民"，我们反复思量，结果是：相比"普通人""平凡人"而言，"平民"覆盖面略宽一些，似乎更好，译者也是不得已而为之。

2. "平民的生活"足矣，为什么还要加一个"故事"这样的尾巴？这真是"画蛇添足"吗？

二、题旨，意趣与品位

书名的题旨似乎是：瞄准普通、平民化的读者，不追求高大上；顶着BBC历史研究的大帽子，实际上是一本普及读物，同时，又兼顾社会效应和经济效益，成为既严谨又易读的学术畅销书。

副标题选用"平民的故事"，目的是要增加书本的可读性。

几十个人的故事串起来，加上主持人模拟历史场景、身临其境的解说，事件、场景、人物、图像都活化了，宛若影视，让读者获得沉浸式体验。本书包含几十个人的故事，上自国王贵族，下至农工走卒，涵盖各阶级、各阶层，覆盖整个社会，有名有姓，生动有趣，资料翔实，读之不忍释手。

上百幅图片把读者带进历史语境，图片色彩艳丽，配文简洁明快，愉目养神。

本书的对象读者应是身处书斋庙堂之外却又渴望进入庙堂的人。本书的品位应该定在阳春白雪和下里巴人之间，经得起高品位读者的挑剔，又吊得起普通人的胃口。

三、何谓中世纪

稍加检索，读者即可发现，"中世纪"的地理空间是明确的：欧洲。至于"中世纪"的时间范围，从来就不是严格界定的，上限似乎明确、下限却很模糊。几百年来，各个国家、界别的史学家和其他人士都不追求严格的定义，满足于这样模糊所指的"共性"和"共识"。

所以，我们这篇小序不应该也不可能追求知识考古和翻新。有兴趣推敲"中世纪"一语的读者大可上网检索，打开耳目一新的别有洞天。

且容我将过去做过的一点功课向大家汇报。

我有一本译作的书名也含有"中世纪"，是荷兰欧洲文化史权威约翰·赫伊津哈（Johan Huizinga，1872—1945）的《中世纪的秋天》，出了两版（广西师范大学出版社，2008；花城出版社，2017）。

先摘引第一版译者序的几段文字，说明中世纪时间范围的不确定性：

所谓"中世纪"是一个上限明确、下线模糊的历史时期，起点是5世纪的西罗马帝国灭亡（476年），终点则有争论，有人主张下限为17世纪的英国资产阶级革命（1640年），有人认为应该止于14、15世纪人文主义的萌动期，亦有人认为应该止于15、16世纪的文艺复兴时期，还有人觉得应该止于16、17世纪的宗教改革时期。

"中世纪"一词是15世纪后期的人文主义者最先开始使用的，和"文艺复兴"的概念密切相关。几百年间，人们把中世纪叫作"黑暗时代"，认为它落后、愚昧、停滞，因为瘟疫、战乱、文明冲突似乎使历史的车轮停止，时钟停摆；由于缺乏深入的研究，人们怀疑这段时间的哲学、科学、技术、文艺都停滞不前了。但近百年来的研究证明，中世纪并不那么黑暗，文艺复兴也不那么光明，两者并不能够截然分开，并没有一个清清楚楚的分界线，而是一个你中有我、我中有你的漫长的、互相交叠的长期历史进程。有人说文艺复兴始于13、14世纪的但丁、彼特拉克、薄伽丘，也有人认为始于15、16世纪的达·芬奇、米开朗琪罗、马基雅维利等人。

中世纪的下限虽有分歧，但14、15世纪已经进入中世纪末期的看法却大体上被大多数人接受了，因为这是人文主义者致力于恢复异教的古典文化，逐渐使古希腊文化和罗马文化复兴的时期，宗教改革即将开始。

中世纪末期，人文主义、文艺复兴、宗教改革都已经在躁动。这是宗教文化、骑士文化、世俗文化并行的时代，宗教静修、虔敬运动、色情文艺、渎神行为并行的时代，黑暗和光明并行的时代。中世纪并未死亡，文艺复兴尚未兴盛。

如上所述，我两本译作的书名含有"中世纪"，但从书名就可以判断，两本书的研究范围和情趣大不相同。《中世纪的生活》（以下简称《生活》）和《中世纪的秋天：14世纪和15世纪法国与荷兰的生活、思想与艺术》（以下简称《秋天》）：

1. 时间范围不同：《生活》大致起于1066年诺曼人征服英格兰，止于15世纪麻风病流行，以13世纪的《大宪章》、14世纪的黑死病和15世纪的麻风病为重点时间段。《秋天》的副标题点明了时间范围：14世纪和15世纪，那是中世纪的晚期。

2. 地理范围不同：《秋天》的副标题点名了空间范围：法国与荷兰。《生活》的地理范围集中在英国，偶尔拓宽到法国、意大利和中东的宗教圣地。

3. 情趣不同：《秋天》比较高雅，讲述生活、思想与艺术。《生活》调子低，只讲"生活"，而且是讲"平民的故事"。

4. 性质和定位不同：《秋天》是高雅的学术著作。不考虑"好卖"的市场效应，《生活》是学术畅销书，只讲"生活"，重点讲"日常生活"，不求全面；只选好的"卖点"，瞄准普通读者市场。

四、什么英国

1. "大不列颠"并不大。孤悬欧陆之外、大洋之滨的几个蕞尔小岛怎么能称为"大不列颠"呢？秘密原来是：这几个小岛叫不列颠群岛，其中之一比较大，就叫"大不列颠"。这个岛上强势的英格兰在16世纪后陆续兼并了威尔士、苏格兰和爱尔兰，"大不列颠"的国名就顺理成章了。

2. 中世纪的英国（或者说英格兰）相对落后。因为不列颠群岛远离古典文明中心的中东、希腊和罗马，又不是文艺复兴的起源地和中心，所以英国（或者说英格兰）的相对落后势在必然。

3. 英国的兴衰。《大宪章》（1215年）和《权利法案》（1689年）使英国率先完成了君主立宪制，成为比较早的民主制典范之一。随之兴起的文艺复兴、科学昌明、工业革命使之成为人类历史上第一个超级大国。然而，三十年河东，三十年河西。20世纪后半叶，日不落帝国瓦解，英联邦徒有虚名；2020年英国脱欧，影响力持续下降。21世纪，若要维持自己的大国地位，英国还不得不改弦易辙、革新创新、锐意进取。

4. 英国分合简史

英国历史上一连串的政治经济实体和重大历史事件令人眼花缭乱，它们是何关系？英格兰、威尔士、苏格兰、爱尔兰、盎格鲁撒克逊、诺曼人的征服、大不列颠王国、大不列颠与爱尔兰联合王国、大不列颠与北爱尔兰联合王国等，是何关系？让我们用几句话勾勒如次：

公元前1世纪，恺撒的罗马军团战胜不列颠人，但止步于英格兰和苏格兰边境，并未征服英格兰，所谓"英国历史"尚未开始。

1066年，法国北部的诺曼人征服英格兰，留下强大而永恒的影响，"英国历史"开启。

1536年，威尔士与英格兰合并。

1707年，苏格兰与英格兰合并，史称大不列颠王国（Kingdom of Great Britain，1707—1800年）。

1801年，英格兰、苏格兰、爱尔兰合并，组成大不列颠及爱尔兰联合王国（United Kingdom of Great Britain and Ireland，1801—1921年）。

1921年，爱尔兰南部26郡成为"自由邦"。

1949年4月，爱尔兰共和国成立，爱尔兰岛一分为二，北爱留在英国。

五、高夫地图

高夫地图（Gough Map，1360年）是中世纪最重要的地图之一，但我们还不能说，它就是"英国"地图。

1. 断代及意图：大约在1360年，受英王爱德华一世委托，由专业人员制作，为其孙子爱德华三世绘制，旨在借助地图促成对威尔士和苏格兰的征服。

2. 高夫地图显示三等不同的清晰度：英格兰最清楚、威尔士次之、苏格兰模糊。这说明不列颠岛远未统一。

3. 高夫地图的五大发现：（1）大多数道路（但并非条条道路）通伦敦，（2）约克是经济枢纽，（3）苏格兰是怪诞之乡，（4）伦敦由猎杀怪物的巨人创建，（5）北海还相当凶险。

4. 中世纪的英国有多大？1360年高夫地图问世时，离威尔士并入英格兰还有170多年，征服苏格兰仍遥遥无期。可以说，彼时的"英国"还小得可怜，文艺复兴尚未到来，乔叟（Geoffrey Chaucer）的《坎特伯雷故事集》尚未问世。

六、令人吃惊的发现

1. 《大宪章》为何能诞生。

公元13世纪，英格兰人没有君权神授的思想，贵族不接受君主无限大的主张。他们没有中国夏商周"天"和"天子"、秦汉"普天之下，莫非王土"的观念。英格兰的贵族认为，国王是贵族里的一员，无非是"第一贵族"而已。即使不夺权，不强行"风水轮流转"，贵族也要求分权。于是，贵族联手骑士叛乱成功，逼迫约翰王签署《大宪章》，时间为1215年6月15日。

2. 《大宪章》的历史意义。

1215年《大宪章》签署，英王权力削减，贵族权力增加；1265年，英国议会顺势建立。1688年"光荣革命"成功，次年10月《权利法案》诞生，进一步限制王权，保障民权，完善议会，君主立宪制确立。

3. 黑死病的浩劫与戏剧性后果。

黑死病是人类历史上最可怕的大浩劫，欧洲大陆和英国的人口都灭掉了一半。1349年4月，黑死病横扫伦敦，几个月之内横扫整个英格兰。在1330年至1479年间，英格兰公爵家族的预期寿命是，男性平均24岁，女性平均33岁。底层民众的死亡率更高。

意想不到的两个结果是：（1）男性死亡率超过女性死亡率，女性的地位因此得到改善，伦敦的"产业女王"（大约相当于现代的"打工女王"）产生；（2）黑死病的高死亡率意味着，顷刻之间，人口已相当稀少，土地和就业机会都相当丰沛。于是，地主和佃农、雇主和工人的力量平衡戏剧性地改变了。

4. 伦敦是肮脏、罪恶、危险之城。

伦敦街头遍布流莺、盗贼和杀手，容我抄录本书的几段文字：

> 偷窃、卖淫、贿赂、谋杀和兴旺的黑市使中世纪城市的小偷小摸行为横行，锋利的刀片用到出神入化，扒窃口袋鬼神不觉。
>
> 在弗灵顿路小区一个"共用女"（common women）常

常光顾的地方很兴旺，"共用女"乃时兴的雅号；掩映在齐普赛街、圣潘拉卡斯教堂和索珀巷之间的一个小区也很兴旺，那是性犯罪臭名昭著的地方。

性交易兴旺的证据可见于委婉的街巷别号："摸阴巷"（Gropecunt Lane）、"爆裙巷"（Popkirtle Lane）。

在14世纪80年代，尼古拉斯·布雷姆勃（Nicholas Brembre）和约翰·诺桑普顿（John Northampton）两届市长展开激烈的竞争，那是市政争斗和腐败最严重的时期。几届的市长选举都是靠武力胜出的，谋杀者招摇过市，没有被起诉。

5. 疯狂的旅游与朝觐。

狂热的宗教虔诚和消灾除病的渴望促成了中世纪的旅游。容我选录本书几段文字以资证明：

许多麻风病人去圣地朝觐，希冀神奇的治愈。因为耶稣曾经与麻风病人交往（在麻风病人被罗马士兵鞭笞后，他甚至效仿麻风病人）。

1095年，十字军东征开始后不久，欧洲经历了朝觐游的黄金时代，朝觐者行走的路线多半是通过意大利南部和西西里去耶路撒冷。

在12世纪，欧洲经历了文化复兴。有学问的人走到更远的地方去寻求知识，去揭示古典传统，去邂逅另类的体验。

在中世纪中期，国际朝觐戏剧性地扩张，意大利南部在朝觐者的行游中扮演了关键的角色，成了一座桥梁，连接起基督教世界两个最大的圣地中心：罗马和耶路撒冷。

中世纪的朝觐活动能依靠安全、高效和直接的线路连接。同时，新医院、客栈、桥梁和修道院也在意大利南部的朝觐路上兴起，它们或在路边，或靠近外地朝觐者瞻仰的圣地。

最穷困的人也外出去行走，尤其是朝觐。修道院的规定勾勒了修士的职责：免费招待旅行者。存世的许多报告显示，穷苦朝觐者参访过很遥远的圣地。

七、饶有趣味的细节

本书非常注重细节，灵动的文字非常有趣。读者可以从中欣赏：女人参与狩猎，女人穿内衣内裤，宠物热，集市里的讨价还价和欺诈，平民向君主申冤的请愿信，手写书信投递的困难和风险，麻风病的恐怖、诊断和治疗，伦敦的恶臭，数以千计村落的消亡，不上教堂、不接受圣餐礼的非虔敬态度和行为，极端的圣地、圣物、圣墓崇拜，疯狂的朝觐游，修建城堡的技术提示，等等。

何道宽
于深圳大学文化产业研究院
深圳大学传媒与文化发展研究中心
2023年9月3日

对中世纪的观照常常是通过社会精英的眼睛来进行的，国王、女王、骑士和教会领袖是统治欧洲中世纪的力量。但对平民而言，彼时的生活如何呢？须知，他们占中世纪人口的大多数。

在这个《BBC历史》杂志的专辑里，众多史学专家谋求回答这个问题。读者可从中悟出中世纪普通人对周围世界的感觉——从宗教和社会秩序到性事、疾病和死亡的感觉。

你也会看到中世纪人的劳作、购物、旅行和衣装。此外，你还要振作精神，准备看我们呈现的中世纪最危险的景观，准备闻一闻最冲击鼻子的中世纪恶臭。2015年是《大宪章》（*Magna Carta*）签署的800周年，我们纳入一篇分析《大宪章》对社会意味着什么的文章，正当其时。我们集纳了《BBC历史》杂志多年来论中世纪社会最优秀的一组文章，编辑成册。我希望，读者会发现这本书饶有趣味，并将鼓励你阅读我们每月一期的《BBC历史》杂志——如果你尚未尝试的话。我们就继续定期探索中世纪的世界。

鲍勃·阿塔尔（Rob Attar）

目 录

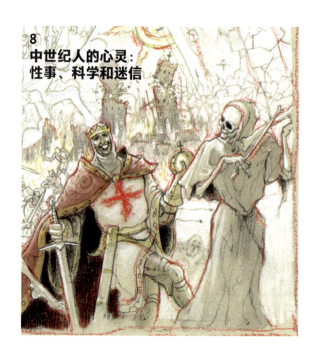

8
中世纪人的心灵：
性事、科学和迷信

105
历史钩沉：伦敦
臭气熏天

97
与麻风病共存

118
消亡的村落

144
**对宗教的怀疑：宿命观念
抑或冷漠心态**

182
**产业女王：黑死病后伦敦
妇女经济的兴起**

166
**中世纪的
旅游业**

第三部　中世纪社会

204
如何建造中世纪城堡

一个格罗特（groat）银币能买到
什么？你将看到，中世纪各阶级的
人如何购物、狩猎、穿戴、思考和
交流。

第一部

日常生活

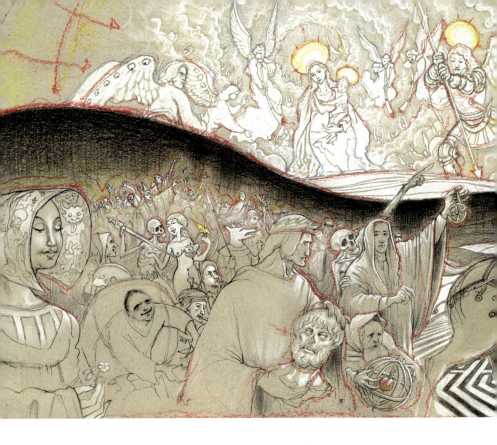

第一节　中世纪人的心灵：

迷信而虔诚，拘谨而热情——朱利安·伯克特（Julian　Birkett）认为，
中世纪人与我们的思想大相径庭。

本页插图：戴维　冯　巴塞维次（DAVID VON BASSEWITZ）

性事、科学和迷信

他们的生活肯定和我们大不相同——但他们思考问题的方式也和我们大不一样吗？罗伯特·巴特莱特（Robert Bartlett）认为，答案并未盖棺论定。巴特莱特是圣徒崇拜研究和14世纪之前的中世纪英格兰研究的专家。

"在许多方面，如在家庭、望子成龙和情感世界上，中世纪人很像我们。另一方面，他们栖居在一个很不一样的世界里。人们相信，亡灵叩访生者，彼岸某地生活着一个狗头人身的种族。"

那么，我们中世纪的先人如何理解自己的世界呢？12世纪的哲学家里尔的阿兰（Alan of Lille）如是说：

"世间万物乃为我所用的书本、画图或镜子。"万物之书的作者是上帝，人生之目的是理解这本书的意蕴，使我们过上更富有灵性和道德的生活。

文艺复兴以来，我们看世界的方式迥然不同了。我们需要理解世界，目的是要控制它，使之以有利于我们的方式运转。昔日的中世纪不是要被人驾驭的，而是要供人沉思的。

毕竟那个世界可能会随时终结。

对世界末日的恐惧像一条黑线贯穿中世纪人的意识。

人人皆知世界如何终结，因为许多中世纪的书本比如13世纪的《世界末日前的十五个征兆》（*Fifteen Signs before Doomsday*）就告诉他们："第一天，海浪将淹没山顶……第四天，海鱼海兽漂浮在海面，呻吟号叫，唯有上帝知道那是什么意思……"

一天又一天，直到第十五天——末日审判，继后的一个世界取代前一个世界，中世纪人的思维方式与我们南辕北辙，不足为奇。

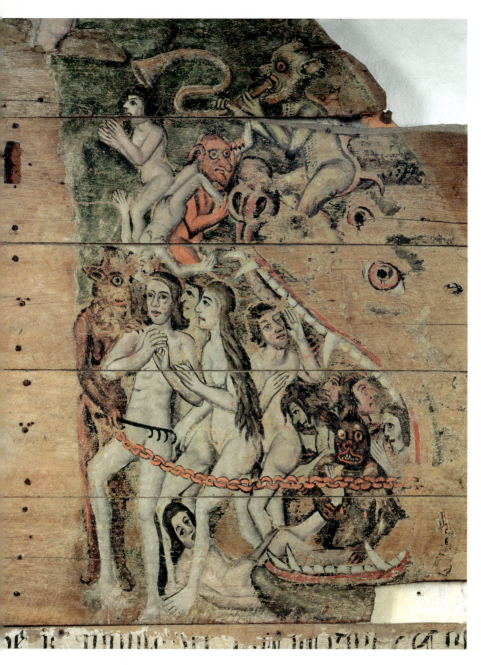

　　在中世纪人的脑子里,今生和来世之间的门户来回摇摆。人们都很清楚,门的另一边可能会是什么,他们面对的是诸如此类的一幅画:《末日审判的号声》(约1500—1520年),现藏萨克福郡文赫斯敦圣彼得教堂

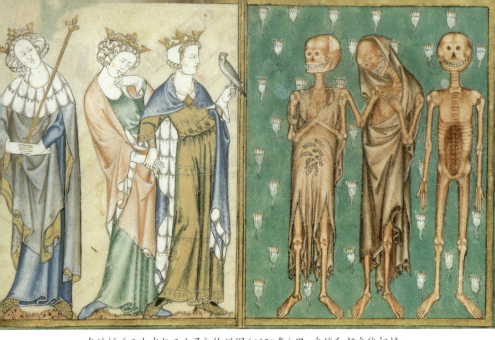

在这幅《三生者与三亡灵》传说图（1350年）里，自然和超自然相撞

基督教主宰他们的生活吗？

挥之不去的死亡阴影——对身后事的恐惧——在生活和艺术中无处不在。

参访任何中世纪教堂时，你都会发现墓地：在富人建造的小礼拜堂里，以及在教堂外的墓园里，你都能看见古墓。我们将其视为理所当然。但在清真寺、犹太教堂、印度教寺庙或佛教寺庙里，你看不到这样的情况。中世纪基督教崇拜亡灵，将其放入宗教体验的核心。

中世纪亡灵经久不息地存在——在中世纪最流行的民间故事里唱主角。在《三生者与三亡灵》（*Three Living and the Three Dead*）的故事里，三个时髦的年轻人在森林里漫游，撞见了三个死者。壁画里的三个死者被描绘为三具骷髅或三具腐烂的尸体，他们奚落三位生者，嘲笑其沾沾自喜："我们曾经和你们一样，你们将要和我们一样。"

由中世纪文字记录来判断，你冒险外出前可能要反复考虑：死尸在树林里游荡，从赫里福德郡游荡到白金汉郡，死尸不得不被二次下葬，他们的心脏要被烧成灰。事实上，全国各地游荡的死尸太多，12世纪的编年史家纽堡的威廉（William of Newburgh）好不容易才来得及做如下记录："倘若没有如此充足的证据支持如此之多的传说，你不会轻易相信，死者从坟墓里爬出来游荡。"

中世纪人的死亡仅仅是从这个世界向下一个世界的转移。这样的一生不过是一眨眼的工夫。如此，生者对死者痴迷，死者走完了一程。这个旅程等着我们每个人：在炼狱里经过漫长的等待之后，或去天堂与上帝共生，或下地狱在永恒的折磨中受难。

然而，这个世界与下一个世界的分界线之间的流动不是单向的。在中世纪的书写里，最有趣的类别是对造访另一个世界的描写。但丁（Dante）也许是最有名的，但加入他这个行列的还有埃塞克斯的农夫瑟克尔（Thurkell）。瑟克尔昏迷醒来后，把死后游荡的地狱描绘得栩栩如生。在另一个故事里，爱尔兰人弗西（Fursey）从地狱火里回来，仅仅是胡子被烧焦而已。

自然和超自然的分界线是流动的，精灵的兵团常常在这里穿越，一边是九级天使，另一边是撒旦及其同伙——他们为争夺生者的灵魂，殊死搏斗。

谁保护中世纪人免遭这样殊死的拉扯呢？所幸的是，教会近在身边，用大量令人生畏的圣礼——从驱邪，即洗礼仪式到保护临终者的仪式——来保护个人，使之慢慢沉入身后的世界。荒野中修建的修道院使人联想到上帝与撒旦的搏斗，那也是代表生者的斗争。修道士奥德里克·维塔利斯（Orderic Vitalis）大约在1100年写道："修道院是身披斗篷的斗士赖以抗拒撒旦的堡垒，修士们奋战撒旦，无休无止。"

性在他们心中萦绕吗?

矛盾的念头既促成性纯洁,又促成浪漫的爱情,这可能引起混乱。

"中世纪催生浪漫爱情的理想。"

14世纪微型画描绘阿贝拉和爱洛漪丝的故事,帮助人激起有关爱情的新观念

在任何文化里,对性事的态度都不是整齐划一的。但中世纪的两极分化态度确实显而易见:一方面,在农业社会里,你可以看到务实接受的态度;另一方面,在宗教狂热的社会里,极端厌恶性欲的态度牢牢扎根。比如,11世纪时教会就劝谕,牧师要向教徒提问:"你和继母、叔嫂、儿媳通奸了吗?和你的母亲乱伦了吗?你制作过阳具形状的阴茎套吗?"如此等等。在连祷文的指控里,强烈的反对和朴实的话语共存。

厌女症本身并不奇怪。从神学上看就有先例:夏娃引诱伊甸园里的亚当,乃原罪之源。但中世纪时厌女症之猛烈却使人吃惊。这是早期教会里流传的一个故事:"上帝对性的诅咒仍然沉甸甸地压在世上。你有罪——你必须要受难。你是魔鬼之门。"

但中世纪又诞生了浪漫爱情的概念。出于无人知晓的原因,中世纪的游吟诗人开始吟诵对女人的爱情,女人突然成为他们爱慕的女神。

至少对上层阶级而言,爱情的规则在连篇累牍的奇文中被重新发明出来,著名的恋人成为诗文讴歌的对象:兰斯洛特(Lancelot)骑士和桂妮维亚(Guinevere)公主,特里斯丹(Tristan)和伊索尔德(Iseult),爱洛漪丝（Heloise）和阿贝拉（Abelard）。最后这对恋人并非虚构，而是确有其人——阿贝拉是大才子，爱洛漪丝是圣母大教堂司铎的侄女。他们12世纪的情书率真、激荡，甘愿打破常规。起初，爱洛漪丝怀孕后婉拒阿贝拉求婚，竟然宣示："妻子的名分可能更神圣，但情人、小妾或妓女一词对我似乎更甜蜜。"

相反，教会提倡童贞崇拜。12世纪作家伯顿的杰弗里（Geoffrey of Burton）写道，守身如玉是"最高尚的美德，是纯洁的镜子，是不朽爱情的养料"。但是，进修女院的妙龄女子却发现，她们情感上离情欲并不远——中世纪玄秘圣贤福女安日拉（Angela of Foligno）云："我站在十字架旁，欲情似火，宽衣解带，把自己献给神。"

表现著名恋人兰斯洛特和桂妮维亚床上相拥的插图（约1300年）

他们如何看待婚姻？

中世纪的教堂积极介入婚床上的事情。新婚不圆满是宣告婚姻无效的理由。1433年，约克郡主教法庭的记录描绘，一位妻子如何宣示这样的理由：

"目击者看见她袒露乳房，烤火暖手，手握约翰的阴茎摩挲，拥抱约翰，频频亲吻他。她挑逗约翰，让他展示雄风，就在彼时彼地。

"她宣称，在她手握约翰阴茎的整个过程中，那个阴茎还不到三英寸……一直这样，一点也没有长大长长。"

铁匠做工。身为劳工，他们牢牢根植于第三等级

他们如何看待权力和不平等现象？

主导的社会秩序不容置疑——一直到黑死病颠覆了社会
体制的平衡。

今天的大多数人相信，社会平等至少是值得为之奋斗的目标。中世纪人的想法却迥然殊异。深刻的不平等是自然秩序的一部分——因而是不能篡改的。你降生所在的阶级就决定你的地位。

　　社会有三个阶级，或所谓的三个等级：祈祷的人（牧师、修士和神职人员）、打仗的人（贵族武士阶级）和工作的人（其余的所有人，比如骑士庄园的农奴）。各阶级各有其价格，所谓的"赎罪赔偿金"，即所谓的"人头价"。如果你杀死一个领主，你赔偿他家1200先令。如果你杀死一个农夫，你只需要赔偿200先令。可见，领主的人命是农夫人命的6倍。

　　中世纪领主与其说是地主，不如说是武士。他们的土地是国王赏赐的，因为他们拥护国王征战。打仗的基因融入他们的蓝色血液。12世纪的《罗兰之歌》（*Song of Roland*）有吟："欢快的复活节绿叶满枝、鲜花绽放……我喜欢看骑士和战马驰骋疆场……许多封臣落马倒毙，死伤者的坐骑在悠然吃草。"

遵循国家骑士守则——骑士精神相当于今天的勇武精神和高尚行为，骑士的行为可能高尚，不过这样的高尚仅仅限于自己阶级的圈子。1370年，黑王子（Black Prince）洗劫法国利摩日时，他下令诛杀数以千计的男女和儿童，但法国骑士则享受高级战俘待遇，受他尊敬。

在如此暴烈动乱的时代，有时真难理解中世纪社会为何没有解体，没有世世代代争斗。社会的聚合需要神的帮助。这正是国王扮演的角色——新国王加冕典礼上用圣油抹身的涂油仪式，这是君权神授的象征，就像新晋神父要涂油一样。

这是封建制度一种别具特色的神的干预。黑死病造成劳动力的极度短缺，以至于农奴能索求较高的工资，能迁徙到自己喜欢的地方。他们也瞧不起第三等级，开始尝到了一种新的自由。

他们因自己的穿着而发愁吗？

尾随黑死病之后的劳工革命之后，手握重权的阶级拼命固化旧秩序，他们立法规定不同的阶级能穿什么，不能穿什么。1363年的《禁奢法》矛头指向"许多人过分出格的衣着，违背其地位和等级"。

换言之，农夫衣着就要像农夫。但《禁奢法》为时已晚。封建制度的纽带也已松动。

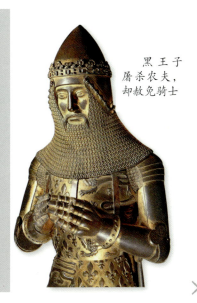

黑王子屠杀农夫，却赦免骑士

他们相信科学还是相信巫术？

自然规律与迷信或宗教信仰的关系绝不是不可调和的。

在中世纪早期，世界中了魔法，充盈着超自然力；按照当时人的理解，世界受神的计划指引。但到哥伦布发现美洲时，世界成了被人掌握甚至利用之地。

　　在中世纪有关动物的书籍里，世间生灵的描绘仔细而美丽；更准确地说，这样的描摹是动物在造化里生存目的的哲理分析，大段的文字对读者富有道德寓意。

我们被告知，河狸的睾丸分泌香味。据说，它被追猎时会咬破香囊，以向猎人显示，其追杀毫无意义。与之类似，人被魔鬼追杀时必须清除自己的罪恶，以免被魔鬼抓捕。每一种动物都有针对我们的精神教谕。

中世纪人能相信的物象对今天的我们似乎颇为吊诡：比如，一个事件兼有自然和超自然的双重属性。他们知道，日食月食是一个星体在另一个星体前面路过时产生的天象，根据科学定律是这样的。将日食、月食解释为神干预的异象也是可以的。在《十字军编年史》（*Chronicle of the Crusade*，约1220年）里，帕德博恩的奥利弗（Oliver of Paderborn）写道："我们抵达不久，月亮接近全食。但是既然主说，'日月里有异兆'，我们就把这一异兆解释为对敌不利。"

赫里福德大教堂的世界地图（Mappa Mundi）正好表现出经验知识和推测的混合。已知的三大洲已被描绘，许多城镇、河流和大海已被准确标记。然而，边缘地区却潜隐着奇幻的生物：狗头人、独脚兽和独角兽。

哥伦布启航去发现通往东方的新航路时，彼时的新技术使他深受其惠——更好的海船、火药和指南针。但他也期待发现世界地图上的奇幻异兽，那都是中世纪人脑中臆想的经典发明。

这幅13世纪晚期的插图展现，一只河狸咬掉自己的睾丸以阻止猎人的追杀——寓意是要人摆脱罪恶，以逃避魔鬼的追捕

他们真相信狗头人存在吗？

中世纪的思想者费尽心思考虑狗头人——狗头人身的异兽是否存在的问题。据信，它们生活在世界的边缘，饲养农场动物。这幅画（本书第18—19页图）大概作于15世纪初，描绘印度洋安达曼群岛上的狼头人，早期的旅行者多有描绘，颇有争议。旅行者的记述引起一个大问题：这些异兽本质上是人吗？如果是，该不该要他们信教呢？9世纪的文人拉特拉姆努斯（Ratramnus）毫不怀疑他们是人："一群有道德的、理性的人生活在受律法约束的社会里。他们是人，并不是单纯的动物。"

他们为什么要收藏圣物呢?

中世纪圣徒的圣物（字面意思就是留存物）据信富有超自然力，教会教堂争先恐后地获取圣物。1316年，坎特伯雷大教堂收藏的圣物包括：12具圣徒遗骸、3颗头颅、12条胳膊、耶稣十字架的残片、包皮、蜡烛和墓冢，还有血滴、头发和骨骼。大多数圣物都存放在圣髑盒里，就像这个14世纪的瓷质盒一样，其中所藏是圣乔治的遗物。

朱利安·伯基特，2008年BBC四集片子《中世纪人的心灵》（*Inside the Medieval Mind*）的制片人。

发现更多书

▶《中世纪的自然力和超自然力》（*The Natural and the Supernatural in the Middle Ages*），罗伯特·巴特莱特（Robert Bartlett）著，CUP，2008。

▶《诺曼和安茹君主治下的英格兰》（*England Under the Norman and Angevin Kings*，1075—1225），罗伯特·巴特莱特著，OUP，2003。

▶《中世纪解锁：中世纪英格兰生活指南，1050—1300》（The Middle Ages Unlocked: A Guide to Life in Medieval England，1050—1300），吉莉安·波拉克和卡特琳·卡尼亚（Gillian Polack and Katrin Kania)著，Amberley Publishing，2015。

第二节 艺术里的狩猎女神
阿尔忒弥斯

中世纪和文艺复兴时期的艺术和刺绣作品显示，狩猎绝不仅仅是男人专属的领地。理查德·阿蒙德（Richard Almond）考察这些作品里妇女的多重角色。

在欧洲中世纪和文艺复兴时期，为了运动、肉食和原材料而狩猎是普遍的活动。然而，大多数中世纪狩猎的手册和专论、故事和传奇都是男人撰写的，都把狩猎表现为地位高、有教养的男人专享的休闲活动。这些作品忽略女人也是狩猎角色，全然不顾及平民（非教教士、贵族或骑士）的狩猎活动。

连地位最高的女人都罕有用文字发声的机会，所以有人认为，至少在初期，有关女人狩猎的书写是难以进行的。虽然书面证据稀缺，有一点却不证自明：各社会阶层的妇女对这一种基本的活动都做出了贡献，并在经济上支持了城乡社会的运行。

实际上，艺术史资料尤其手工绘本、挂毯、绘画、洞穴画、镂刻和印本都显示，各社会阶层的妇女都参与各种形式的狩猎：贵族妇女骑马用猎犬打鹿，用猎枪围猎，而农妇或张网捕鸟，或用雪貂猎兔。画中的女人常常与男人同行，或为其助手，或随行学习。也有表现女人用猎隼捕鸟的画面，她们或独自出猎，或偕同女伴。偏重传统的史学家辩称，这些形象多暗含讥讽，表现当代男性评论家钟爱的"乾坤颠倒"的概念。然而，相当多的作品表现的无疑还是女人在乡间狩猎的真实画面。

鉴于大量的图像证据，既然承认女人用猎隼捕鸟的画面"真实"，同时又把女人狩猎的画面全部或大多数斥之为"不真实"，那实在是荒谬之举。牛津大学图书馆馆藏的微型画《亚历山大的罗曼史》（*Romance of Alexander*）（原画背面，见本书第26—27页）澄清了这个问题。画面的左边有两个女人徒步狩猎，一个女人手牵两只猎犬，吹响号角，另一个女人将十字柄的猎矛扎入猎犬抓住的鹿。画面的右边是两个用猎隼捕鸟的女人，一个正在用诱饵召唤猎隼，另一个女人手握长棍，两只猎隼猛扑向池塘里的一只野鸭。很可能，这两幅画意在告诉观赏者，画里的贵族妇女在做什么，而不是不做什么。

解读这些图像，同时参照文本资料，我们就能了解中世纪和文艺复兴时期的狩猎文化和肉食采集——男人和女人都参与。现在我们明白，妇女扮演了相当重要的角色，她们的作用由性别和社会地位确定。

一、观赏狩猎的女人

许多当代的画作表现妇女纯消极的、显然是作为装点的看客，她们钦佩和赞许丈夫、情人和男性亲属的身手不凡。

无疑，女人的赞许甚至钦慕对中世纪贵族狩猎人和运动员很重要，对御马和探险的骑士也很重要，表现在《高文爵士和绿衣骑士》（*Sir Gawain and the Green Knight*）的浪漫故事和诗歌里。维多利亚和阿尔伯特博物馆收藏的壁毯《德文郡狩猎图》（*Devonshire Hunts*，见本书第22—23页）清楚表现这样的诗情画意，内容大概是庆贺贵族的婚姻，15世纪中叶制作。许多小景显示，贵妇观赏丈夫和情人打猎，钦佩之情挂在脸上。毫无悬念，狩猎高潮到来后，性事登场。他们观赏仆人分割猎物、赏赐猎犬、贵族猎手及其夫人成双捉对，享受爱抚。

二、宫廷里的女猎人

从中世纪和文艺复兴晚期艺术及浪漫主义文学中，一般人得到的印象是：高层的妇女常在狩猎场出没。多半的史学家一致认为，犬猎和隼猎是贵族妇女期待的、身份高贵的社会活动。用猎犬狩猎曾经是、而且一直是典型的宫廷活动，如果贵妇们愿意，她们会积极参与的。

　　王室和贵族的女猎手包括：爱德华二世妻子的伊莎贝拉王后（Queen Isabella）；神圣罗马帝国皇帝马西米连一世（Holy Roman Emperor Maximilian I）的年轻妻子、勃艮第的玛丽（Mary of Burgundy），马西米连一世死于狩猎发生的意外；亨利八世的两个女儿——玛丽一世女王及其姐妹伊丽莎白一世，她们都获得同龄男性的称赞，她们"精通"狩猎，手法娴熟，勇于捕猎鹿子。

　　许多伊莎贝拉王后的倾慕者包括沃尔特·罗莱（Walter Ralegh）爵士认为，她是女猎神阿尔忒弥斯或狄安娜的化身。这是一个反复出现的概念：法王亨利二世情人、美丽的迪安娜·德·普瓦提埃（Diane de Poitiers）命人为她做大理石雕像《阿内的迪安娜》（*The Diana of Anet*）（1550—1554），这尊雕像的形态是她倚靠在一只喜爱的雌鹿身上（见本书第28页）。她还命人为她作了几幅肖像画，表现她女猎手的形象。谢弗勒兹公爵夫人、玛丽·德·罗昂-蒙巴松（Marie de Rohan-Montbazon, 1600—

大约13世纪的手稿《亚历山大的罗曼史》里用隼猎鸟、用犬猎鹿的场面

1679）是另一个女猎手，几幅著名的油画表现她似女猎神狄安娜的形象。

不过，并非所有的男人都对勇武、精干的女猎手留下深刻的印象。托尔夸托·塔索（Torquato Tasso）在《女性美德论》（*Discourse about Feminine Virtue*）（1582）里说，有些王室女人实际上是男儿身，应该这样评判她们。基于这样的判定，塔索不但反映了彼时的沙文主义，而且反映了对女人狩猎技能的不安，因为狩猎是传统男人的保留地。

三、学习狩猎的女人

佛罗伦萨的画师、制图员、版画复制匠安东尼奥·坦佩斯塔（Antonio Tempesta, 1555—1630）的兴趣和专长之一是描绘狩猎技法。他的作品大多含有教谕主题，宫廷女人学习艺术和狩猎，年岁稍

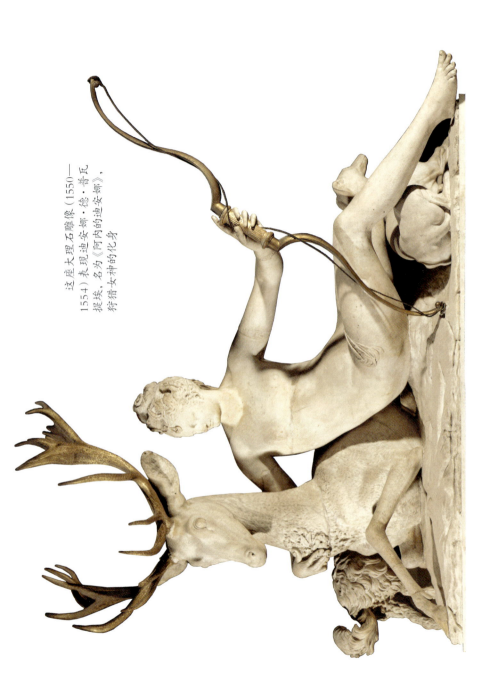

这座大理石雕像（1550—1554）表现迪安娜·德·普瓦提埃，名为《阿内的迪安娜》，狩猎女神的化身

女子学习射鸟，安东尼奥·坦佩斯塔作，约1598年

长的男人执教。她们学习的方式和贵族男人大不相同，男人幼年开始学习，传统上接受正规教育。

在《弓箭射鸟》（上图）里，猎人带着猎犬，射杀树巅的鸟儿，猎犬叼回落地的猎物。侍从左手搭在女士肩上，右手指着猎物，指导她瞄准，女人张弓搭箭，向上瞄准。

四、担任狩猎助手的农女

在农夫的狩猎活动里，女人的主要贡献似乎是当助手，而不是动手杀死猎物。15世纪一张农人猎兔的勃艮第壁毯显示，男人用网罩住窝里逃出的兔子，然后猎杀掉它们。

17世纪初的一幅镌版画显示宫廷
猎人（左）骑高头大马猎兔，一男一女
的两个农人（右）给捕获的野兔开膛

荷兰艺术家戴维·文斯克博恩斯（David Vinckboons, 1576—1633）的镌版画《猎兔》（上图）显示贵族和仆人这两个阶级男女狩猎的密切关系。宫廷猎手骑高头大马，着华丽衣装，一男一女的仆人着平民素服，干脏活，给野兔开膛破肚，取出内脏，作品的细部栩栩如生。异乎寻常的是，这两个平民用日常的技能去完成猎场的专业任务。

五、偷猎和狩猎的农女

13世纪的森林法庭记录显示，农妇偷猎野鹿。为数不多的案子似乎是机会使然。晚间，野鹿从夜幕中的森林出来，游荡到农田、果园甚至农家的院子里觅食。它们糟蹋庄稼，农家嫉恨，但游荡的野鹿受森林法保护。除了新鲜鹿肉的诱惑外，还要保护庄稼免遭糟蹋，解决的办法显然是悄悄捕杀野兽。

农夫和农妇用笼捕鸟，《亚历山大的罗曼史》插图

记录显示，农妇协助男人猎杀落单的野鹿，捡拾宫廷猎手遗落的死伤野鹿，而不是自己动手杀鹿。这并不是说，她们不猎杀危险性较小的猎物。毕竟，她们已经习惯拧脖子宰杀家禽，也习惯捕猎鸟类以获取蛋白质和翎毛。

农妇狩猎的形象罕见，统治阶级很难得委托艺术家表现农妇的形象，因此，她们在艺术品里露面时几乎总是处在宫廷题材的边缘。但亦有例外，虽然博德利图书馆馆藏的《亚历山大的罗曼史》手稿总体上是贵族主题，但一幅不寻常的插图（上图）显示，一位年轻的农妇用两种办法捕鸟，这是农人传统的捕猎方法。

在画的左侧，一个女孩呼唤头顶飞过的鸣鸟。她手握两根绳子，绳子系在一个树桩上，树桩上有一只作为诱物的狐狸，或许已死，或许是标本。呼叫的飞鸟围攻这只捕食者。中世纪的观画人无疑会意识到，绳子上涂了粘鸟胶，用以捕鸟。

这一方法至今犹存，被广泛用于捕获鸣鸟，不仅为获取肉食——也许更重要的是为了个人经济或地方经济——而且是为了在都市尤其伦敦市场上出售活鸟。农女身边的篮子开着盖，准备装运她们用粘鸟的绳子捕获的鸟。在画的右边，两只鸟在一棵树边盘桓。一个年轻人走过来，手提一个分隔的大笼子，肩上挑着一个较小的笼子，准备运走捕获的鸟儿。

在森林法之下，已婚妇女免予巡回法院起诉，因为她被认为是受丈夫控制的，所以不会因过失被控犯罪。对违法的夫妻合伙的商务勾当而言，利用免予起诉法——即所谓妻子庇护法（femme covert）——的规定是很方便的。男子偷猎鹿等野兽，妻子在黑市上出售野味。由于这一庇护机制，史学家只能推测妇女卷入偷猎、接收和分发野味的程度。

理查德·阿蒙德，独立学者，研究兴趣围绕中世纪和文艺复兴时期的狩猎。

发现更多书

▶《阿尔忒弥斯的女儿：中世纪和文艺复兴时期的女猎手》（*Daughters of Artemis: The Huntress in the Middle Ages and Renaissance*），理查德·阿蒙德著，DS Brewer，2009。

▶《中世纪的狩猎活动》（*Medieval Hunting*），理查德·阿蒙德著，The History Press，2011。

第三节　揭秘内衣:
内衣裤挑战后人的想象

在奥地利的一次发现表明,我们祖先的穿衣习惯和我们今人差别不大。碧翠丝·纳茨(Beatrix Nutz)考察15世纪和16世纪的内衣、卫生习惯和社会接受情况。

　　我们有些祖先的衣着和我们的现代衣着可能有许多共同之处。如图所示,亚述人的传奇女王塞弥拉弥斯(Semiramis)及其侍女都穿内裤。这幅套色木刻取自薄伽丘(Giovanni Boccaccio)德语版《名女传》(*Famous Women*, 1474),藏于巴伐利亚州图书馆

15世纪晚期伊斯拉赫尔·凡·麦肯纳姆(Israhel van Meckenem)的版画显示,一个女人一边打她的丈夫一边穿他的内裤,而丈夫在纺纱。彼时,内裤是男权的象征

男人穿衬衫和短裤（类似于今人的内裤）。女人穿衬衫或连衣裙——无内裤。直到前不久，这就是我们对中世纪内衣的全部知识。但2008年奥地利东蒂罗尔州（East Tyrol）的考古发现使我们更好地了解到，有些女人是穿内衣的。

兰恩博格城堡（Lengberg Castle）的初始记录是1190年，15世纪重建为一座典型的宫殿，加盖了二楼。2008年大修时，二楼的地板下发现了一个地窖，里面塞满15世纪重建时的废弃物。由于环境干燥，里面的有机物保存极好，含有加工过的木料、皮靴和纺织品。

耐人寻味的是，许多亚麻内衣残片宛若今天的胸罩，带有罩杯——不同于古代希腊罗马的束胸带，那是由纤细布带或皮带束胸以压平乳房的贴身衣物。

有一些中世纪文献论及女士内衣，但含糊其词。法国国王腓力四世（Philip The Fair Of France）和其继任者路易十世的外科大夫亨利·德·蒙蒂威尔（Henri de Mondeville）在《外科学》（Cyrurgia，1312—1320）里写道："有些女人在裙装里塞两个小袋，每天早上把乳房塞进去，用适当的胸带系紧。"

撑胸与隆胸

这些"兜乳袋"（tuttenseck）和古时的胸带作用相同——都容纳大乳房。然而，在1480年的《图林根和埃尔福特》（*Thuringia and Erfurt*）纪事里，康纳德·斯托尔（Konrad Stolle）抱怨，"衬衣里塞兜乳袋"似乎效果相反，因为他结尾的话是"不体面"。

15世纪南德意志不知名诗人的讽刺诗云："许多女人缝制兜乳袋，招摇在街上；年轻人都盯着她，窥视那漂亮的乳房；可惜那乳房太大，袋子太紧；街谈巷议的，反而不是乳房。"由此可见，中世纪胸罩的作用是双向的。

这些"兜乳袋"上饰有指环编花边和针绣蕾丝。有一个"文胸"可以说是现代"吊带文胸"，这种文胸从20世纪50年代流行至今。每个罩杯由两块麻布缝合，周边的布料直达胸廓底部，两边各有6个圆孔眼，类似穿孔系在身上。肩带不宽，针绣蕾丝装饰胸罩开口。经瑞士联邦理工学院放射性碳测定，其中两只胸罩的年代是在14世纪末到15世纪后半叶这个区间。

我们不知道中世纪的女人是否都戴"兜乳袋"——有些人肯定要戴的。不过，既然用紧身衣平胸已然被社会接受，对"兜乳袋"的抱怨和讥讽就暗示，隆胸的"兜乳袋"并不被大众普遍接受。

据信，直到18世纪末，女人才穿内裤或短裤。兰恩博格城堡发现的两条保存完好亚麻内裤再次唤醒那个问题：它们是男人内裤抑或是女人内裤？

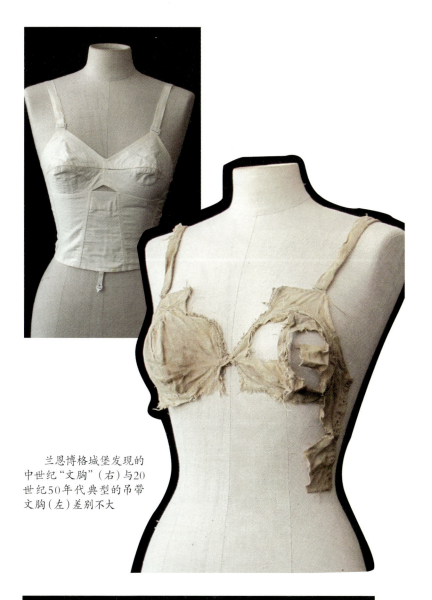

兰恩博格城堡发现的中世纪"文胸"（右）与20世纪50年代典型的吊带文胸（左）差别不大

许多亚麻织品碎片类似于现代胸罩，以剪切成罩杯形状为特征

丢勒木刻（Albrecht Dürer，约1498年）显示，男人穿小巧的内裤

兰恩博格城堡发现的内裤

谁在穿那些内裤？

兰恩博格城堡发现的内裤是14世纪晚期和15世纪形成的款式。彼时，男人开始穿连裆裤或长裤，不再穿开裆的紧身裤。于是，填充两条裤腿裆部的宽松长裤就用不上了。内裤平铺开像沙漏，两侧有细带。这条内裤有三个叠加的麻布补丁。

无论是宗教主题还是世俗主题的绘画、木刻和图书插画，都展示只有男人穿这种内裤：小块布遮盖臀部和阴部，臀部两侧用细带打结系牢。女人穿这种内裤出现时，那处在"乾坤颠倒"的语境中。

长裤和内裤被视为男权的象征，所以，穿内裤的女人或者是篡夺丈夫权威的悍妇，或者是道德低下的女人。薄伽丘的《名女传》1474年德语译本展示，亚述女王塞弥拉弥斯及其侍女都穿内裤（见本书第33页）。书里说她的文字有："塞弥拉弥斯曾是尼诺斯（Ninus）的王后，她乔装为少年——尼诺斯的儿子。"还有："据信，她委身于许多男人，她的许多情人中就包括自己的儿子尼倪阿斯（Ninyas）。"

然而，对内裤的评说也像对胸罩的评说一样：因为人们认为女人不该穿内裤并不等于说，她们从来就没有穿过内裤，每月行经那几天穿内裤尤其方便。所以要问，月经来潮那几天女人做了什么呢？

有些故事云——但这些故事多半是男人讲述的——女人什么也不做，唤起女人无论去哪里都留下血迹的令人厌恶的形象。不过，两个版本的《圣经》——《杜埃圣经》（Douay - Rheims Bible, 1609—1610）和《钦定版圣经》（King James Bible, 1611）提到"经期女人的碎布"（以赛亚书64:6）和"经期用布"（以赛亚书30:22）。这样的翻译说明，译者一定知道用于经期的布条——内裤能使那些碎布条固定到位。

在16世纪的意大利，有些女人穿内裤。1561年，托雷多的伊莲诺拉（Eleanor of Toledo, 1522—1562）有一条内裤。50年后，侍从为法国王后玛丽·德·美第奇（Maria de Médici, 1573—1642）缝制了许多条内裤。但有人还是对女人穿内裤皱眉不赞同。在《各国服饰》（Costumes of Different Nations, 1594）里，彼得罗·贝尔泰利（Pietro Bertelli）展示，唯有威尼斯歌妓才穿内裤。

另一方面，1591年到1595年游历欧洲大陆的英格兰人费恩斯·摩利逊（Fynes Moryson）留下描述意大利女士的文字："许多地方的……都市处女尤其淑女在长袍下穿丝织的或亚麻布的马裤。"但他又写道："我看见妓女……着装像男人，穿粉色或浅色短上衣和马裤。"有些低地国家的女人也穿内裤：摩利逊告诉我们，"有些高层的妇女难以忍受极端寒冷的天气……的确要穿亚麻或丝织的马裤"。

英格兰的女人呢？伊丽莎白一世穿内裤吗？在1603年的葬礼上，她的模拟像穿着紧身内衣内裤。不过，有些人说，钉在她模拟像上的长内裤是1760年才加上去的。《帝王衣橱》（*Accounts of the Great Wardrobe*，1558—1603）写道：约翰·柯尔特（John Colte）得佣金10镑，他为"已故女王的形象加上了一件笔挺的紧身衣、一条内裤"。书里还提到伊丽莎白拥有1587年"6条精纺荷兰麻布的紧身裤"，这些紧身裤是内裤还是长裤？为什么要说英格兰女王不曾宣称自己的权力，要像法国王后那样穿内裤呢？谁敢质疑她做这样的选择呢？

17世纪的情况如何？英格兰作家塞缪尔·佩皮斯（Samuel Pepys）在日记里怀疑妻子有风流韵事。在1663年5月15日的日记里，他写道："我躺在床上想，今天是否看见妻子照常穿内裤，我还在想使自己的怀疑有增无减的其他事情，深感羞愧；但我实在没有真实的理由怀疑。"1663年6月4日的日记又写道："……我看着妻子身上内裤，她真的穿了，我那可怜的人儿。"

当然，这并不意味着，中世纪或近代早期的女人全都戴胸罩或穿内裤，但有些人的确是这样的。考虑到兰恩博格城堡发现的"兜乳袋"，我们大概可以说，胸罩或内裤在上层阶级妇女里很常见；无论出于什么理由，在不太明显担心社会标准的妇女圈子里，它们也很常见。

碧翠丝·纳茨，因斯布鲁克大学考古研究所的研究员，她正在撰写兰恩博格城堡纺织品遗存的博士论文，导师是哈拉尔德·斯塔德勒（Harald Stadler），蒂罗尔科学基金会赞助。

发现更多书

► 《解锁伊丽莎白女王的衣橱》（*Queen Elizabeth's Wardrobe Unlocked*）珍妮特·阿诺德（Janet Arnold）著，Routledge，2015。
► 《内衣历史》（*The History of Underclothes*），C.威利特和菲利普斯·坎宁顿（C.Willett and Phillis Cunnington）著，Dover，2000。

约1520年,科隆圣阿佩恩(St Apern)教堂的彩绘玻璃显示,宠物狗与主人共眠。宠物是中世纪家庭常见的成员

第四节
中世纪的动物

猫、狗、鸟等动物激发关爱、虔诚和诗歌

今天我们认为，我们这个民族爱动物，但威廉·荷兰德（William Holland）发现，宠物在中世纪也很讨人喜爱。

"她用烤肉、牛奶和面包，喂养小宠物狗，倘若它们死去或被人用棍打，她会潸然泪下。"

杰弗雷·乔叟（Geoffrey Chaucer）描绘修女院院长埃格伦蒂娜（Eglentyne）嬷嬷和宠物狗的感情纽带。在《坎特伯雷故事集》（*The Canterbury Tales*）里，这部14世纪的英语诗人笔下的故事对他而言是太熟悉不过了（如上）。看来，我们对宠物的喜爱已有千百年之久。修女院院长用最精的白面包喂爱犬，如果爱犬被棍子打，她会潸然落泪。这样做的人绝不只她一个。

然而，中世纪的宠物不久前才从过往的历史中浮出水面。伦敦大学学院的凯瑟琳·沃克-米克尔（Kathleen Walker-Meikle）的博士论文，穷究四百年来欧洲的账簿、纪事簿、诗歌、插图和传奇文学，揭示中世纪人对小型宠物普遍的痴迷。大多数宠物是小型犬，它们是小猎狗、猯狗和猎犬的变种。其他宠物有松鼠、兔子、猫和鸟。这些宠物都受到中世纪宠物主的喜爱。

凯瑟琳·沃克-米克尔建议读者浏览艺术收藏品，去寻找中世纪人热爱

宠物的感觉。她说："一旦开始搜寻宠物，我就发现它们无处不在。比如，伦敦国家美术馆的宠物就数不胜数。"果然，许许多多曾被人忽视的宠物就从画廊的墙面上探出头来，窥视我们了：一位少女怀抱一只系着细链的松鼠，另一位少女一只手把小狗搂在腋下，又一个女孩让一只鹦鹉栖息的手掌上。

约1480年，日耳曼的《比得巴寓言》（*Fables of Bidpai*）显示中世纪家庭养的笼鸟

　　动物在中世纪极其重要，不仅为人提供肉食，而且还用于运输、劳作、狩猎和战争。但宠物却没有物质的功能——只有陪伴的作用。宠物生活在宠物主家里，睡在宠物主的卧室里，常常还在餐桌边吃饭。

　　宠物罕有属于男人的。男人可能喜欢猎犬和战马，但宠物被认为是软弱的女人气标志。据说，英国国王理查德二世让猎犬上他的卧榻——无疑是不妥的迹象。他的宠臣议论法国国王亨利三世养许多小狗，责难法国国王，肯定是在指桑骂槐：养宠物有损他英国国王的声誉。大多数情况下，宠物是女富豪的私人所有，在中世纪的浪漫故事里常常是人们熟悉的中心角色。许多修女修士在沉思和祈祷的日子里渴望得到陪伴，他们也是宠物主。

　　就像那位修女院院长一样，许多宠物主极尽奢侈，他们喂养宠物的食品是大多数农夫吃不起的。那样奢侈的食品却可能对宠物造成损害。在《论动物》（*De Animalibus*）的鸿篇巨制里，13世纪的阿尔伯特斯·马格纳斯（Albertus Magnus）提供了一些建议，劝告宠物主如何帮助宠物狗防止因吃错食物而导致的便秘。

宠物主为爱犬购买炫耀的配饰：银铃铛、装有饰品的颈圈、锦缎睡垫。沃克–米克尔指出，以这样的奢侈品炫耀女主人的社会地位，宠物的饰品酷似她们身上的珠宝华服。

修道院禁养宠物

但这样的奢侈可能会激起怒火。14世纪的英国传教士若望·布伦亚得（John Bromyard）抱怨，许多教士对宠物的关爱胜过对教众的关爱。在13世纪，鲁昂的大主教厄德·里高（Eudes Rigaud）发动圣战，在他的教区里反对滥养宠物。他巡视埃夫劳的圣索沃尔修道院（St Sauveur），看见修士们喂养许多小狗、鸟儿和松鼠，而且给宠物取名字。他下令驱走这些动物。

在卡昂（Caen）的圣三一修道院，他坚持要修士们放走笼养的云雀。但修士们置之不理。在随后的19年里，大主教里高不得不两次发布禁令，不准圣索沃尔修道院养宠物。但维拉克勒的前任女修道院院长一心要保留她的爱鸟，于是就反驳说，那禁令"使我非常不快"。

文艺复兴破晓时，新型的人文主义学者很快就开始养宠物，也许是作为隐居生活方式的标记吧。他们还写拉丁诗，献给自己宠爱的猫和狗，借以表现自己的学问和情感。这样的颂词和悼文或在文人的圈子里流传，或由富有同情心的朋友寄给悲伤的宠物主人。

第一位伟大的文艺复兴人文主义者彼得拉克（Petrarch）常写自己的宠物狗，为爱犬扎波写了一篇感人的墓志。15世纪的意大利建筑师阿尔贝蒂（Alberti）为爱犬写了长篇的哀歌《论犬》（De Canis）。不过，罕有人能捕捉到中世纪宠物主对宠物的强烈感情，以下是12世纪修道院院长提隆德的蒂埃里（Thierry of Thrond）留下的哀歌：

哭狗狗，你若有时间哭；

你若能哭，请哭狗狗，

伟大的小狗皮图卢斯死了。

皮图卢斯是谁？

他是主人的牵挂、悲痛。

他有什么能耐？

他使大主人爱小狗狗——

那就是它的本分，它在主人跟前玩耍。

它的玩耍有什么用？

没用，只有欢笑。

皮图卢斯——

曾经见你者，知你者，爱你者，

如今为你的去世哀悼。

威廉·霍兰德，历史记者，为《星期日泰晤士报》（*Sunday Times*）《泰晤士报教育增刊》（*Times Educational Supplement*）《泰晤士报高等教育增刊》（*Times Higher Education Supplement*）撰稿，曾在兰卡斯特大学攻读中世纪历史。

发现更多书

▶《中世纪的宠物》（*Medieval Pets*），凯瑟琳·沃克-米克尔著，Boydell Press, 2014。

▶《豢养的动物》（*The Beast Within: Animals in the Middle Ages*），乔伊斯·索尔兹伯里（Joyce Salisbury）著，Routledge, 2010。

▶《以动物为伴》（*In the Company of Animals*），詹姆斯·瑟佩尔（James Serpell）著，CUP, 2008）。

扩展阅读: 奇异的宠物

中世纪的宠物爱好者不满足于传统的猫猫狗狗——更多奇异的动物被驯化或被笼养。

猴子和鹦鹉

13世纪晚期的达拉谟主教(bishop of Durham)罗伯特因对两只宠物猴的关爱而著名。编年史家达拉谟的理查德（Richard of Durham）写道，这位高级教士宠爱两只猴子，用去皮的杏仁喂猴。爱德华一世的王后卡斯提尔的埃莉诺（Eleanor of Castile）收到萨勒诺（Salerno）王妃馈赠的鹦鹉。消耗巨资跨越千山万水运来的异域动物成为富豪钟爱的宠物。它们是中世纪社会地位的终极象征。

松鼠和椋鸟

红松鼠和云雀、椋鸟之类的普通鸟类容易捕获，成为流行的宠物。它们容易驯化，受宠物主喜爱。它们的价格很低，富豪却很珍视，大肆挥霍，用上大量配饰。罕有证据表明，农人会喂养无生产价值的宠物，他们养猫养狗做陪伴，因为猫狗能避害，能保护主人。

黄鼠狼

13世纪莱昂和卡斯蒂利亚（Leon and Castile）的国王智者阿方索（Alfonso the Wise）养了一只宠物黄鼠狼。他为这只宠物写诗，旅行时用特制的笼子装上它，然后把笼子挂在马鞍旁。虽然有禁养宠物的禁忌，阿方索却被判为特例，因为他的学养深厚，似乎不会被贴上世俗动物爱好者的耻辱标签。

第五节
钱包里的银币格罗特

逛14世纪的市场

伊恩·莫蒂默（Ian Mortimer），著有《漫游中世纪的英格兰》（*Traveller's Guide to Medieval England*），他带我们踏上14世纪购物之旅。

诗人奥登（WH Auden）曾经说，为了了解自己的国家，你至少需要有在两个外国生活的经历。但你怎么了解自己的时代呢？你至少需要有在两个世纪生活的阅历。这给我们造成困难——但通过历史研究，了解另一个世纪并不是不可能的。我们可以这样对待过往的历史，仿佛那真是"一个异国他乡"——是我们可以去造访的地方。我们不必通过时光旅行就能理解那个地方；仅仅是造访过往的念头就足以使我们用不同的眼光去考察生活，而且是以更抵近的方式去看生活。请踏上14世纪晚期的购物之旅，亲眼去看一看吧。

一、集市

"牛排、香饼，热喷喷哎！"你听见有人在你背后叫卖。转过身来，你看见一个年轻人端着托盘在人群中穿行，托盘上有只木碗，碗里装着肉食，而食铺就在附近。他四周的人来来往往，用手比画着交谈。有的人可能来自周围的村子。彼时的小镇住着3000人，如今人口翻番，颇为拥挤了。

这里的男人身着短衣，赶牛上市。他们的妻子穿长裙，长巾裹在头和脖子上。着短衣、戴风帽的男人是骑士家的仆人。穿长袍、戴海狸皮帽子的男子是有钱的商人。到处都是赶集的农民，有人赶羊，有人赶马车，车上的板条箱装的是活鸡。

人群嘈杂喧闹。喋

法国妇女纺羊毛，这是中世纪市场上的许多商品之一

喋不休、唠唠叨叨、没完没了的交谈，几乎就成了赶集的目的。这是城里唯一的开阔地，公共区域，人们可以在此相会，交换信息。草台班子演神秘剧，用平板车运舞台、道具和服装，连推带拽。沿街摇铃的公告员高叫着通知，熙熙攘攘的人群拥向市场，去听他讲话。集市是任何小镇的心脏——实际上，小镇的定义本身就要有一个集市。

你能买什么呢？我们从鱼摊开始吧。你可能听说过，中世纪的英格兰人吃许多种鱼。贵族和教士消费的鱼有一百五十多种，既有鱼塘喂养的，也有河里和海里捕捞的。但大多数市场上，你看到的是装在潮湿的、装满干草的木条箱里，鳞片还在闪光的受欢迎品种。马鲛鱼、鲱鱼、七鳃鳗、鳕鱼、鳗鱼、阿伯丁鱼（腌熏的鲑鱼和鲱鱼），以及鳕鱼干（腌鳕鱼），最为常见。鲜活的虾蟹用木桶运输。旺季时你能看到鲜活的三文鱼——能卖到四五先令一条的高价。鲜活的大比目鱼更贵：七先令一条。

中世纪的生活　49

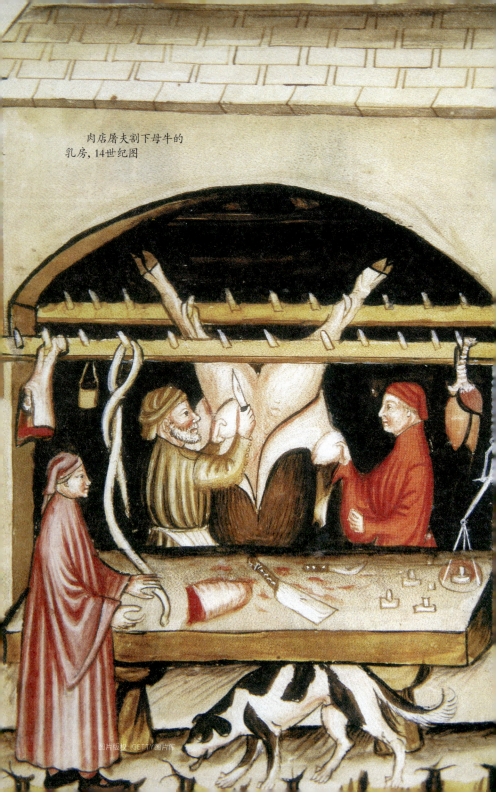

肉店屠夫割下母牛的
乳房, 14世纪图

我们转到谷物区。成袋大麦、小麦、燕麦、黑麦堆在地上，准备卖给城里人。接下来转到牲口区：猪、牛、山羊和绵羊。市场的一角留给其他农产品——苹果、梨子、蔬菜、蒜头和药草。在稍大的镇里，你会发现卖调味品的商铺，它们出售异域的香料，比如胡椒、肉桂和肉豆蔻，以及甘草和许多种糖。这些调味品只供给富人享用。熟练工的平均工资是每周2先令，所以他没有钱买4先令一磅的丁香、20便士一磅的生姜。

市场的其他部分有两种功能。小生产者来市场卖羊毛、毛线、皮革、毛皮、铁、钢和锡，这些产品又被销往远方。另一种功能是把制成品卖给本地人：铜炊具和锡炊具、蜡烛、马刺、锡制品、毛料、丝绸、亚麻、帆布、手推车、灯芯草（厅房铺地用）、玻璃、柴把、煤炭、铁钉、马掌和木板。你禁不住要问，木板吗？请想想把沉重的树干运到锯木厂，两个人用手锯把树干加工成木板，那有多难啊。

在中世纪社会里，人人互相倚重才能得到这些物资，市场就是一切相互关系汇聚的地方。

二、探访中世纪市场 (见本书第52—53页图)

1. 临街的楼上房间

临街店铺楼上的窗户都装了玻璃，如今的人没料到这一情况——店铺上的房间是商家的卧房和起居室，再往上的阁楼晚间要关上内部的木百叶窗，仆人睡阁楼时尤其要关窗。

2. 街上的时尚

街尽头店铺里的三个男人是皮货商。从画面前景里市民的衣着看，袖口和领口都镶有皮毛（狐狸皮、猫皮和兔皮最常见）。海狸皮帽也流行。在英格兰，只有最重要的人物才被允许穿戴黄鼬皮和白鼬皮。

商家兜售货物、提供服务，图为中世纪市场一景

3. 兼做放血疗法的理发师

理发师在用剃刀。在15世纪的英格兰，人们常修面，比如亨利五世几乎每天都修面。但在14世纪时，很少有男人修面，因为胡须是男子汉雄风的标志。这个剃头匠大概还兼做放血疗法。

4. 量体做衣的裁缝

在裁缝店里，做好的衣服挂在架子上，等顾客来取，学徒在做新衣，墙钉上几乎没有做好的衣服。如果你想要一款衣服，你就到布商那里去买布料，然后到裁缝铺，让裁缝按照你的想法做成衣服。

5. 药剂师兼卖饮料

"海波克拉斯美酒"的招牌写在上方的幌子上。这是有恢复功能的滋补饮料，混有酒和香料，用"希波克拉底袖筒"过滤，这是希腊医生希波克拉底设计用来过滤沉淀物的布筛。富人常用这种酒下薄脆饼。

6. 食糖和调料

药剂师的铺子库存丰厚，红色和白色的大罐子装的是药材，前面的绿布上是搅拌碗，店主根据医生处方配药。他右手边是堆成圆锥形的白糖，白糖常被用作药引子和酒的调料。

7. 路况

这张图片显示15世纪欧洲大陆的小城一景，取自《君王府邸纪》（*Livre de Gouvernement des Princes*），罗马的吉尔（Gilles de Rome）著。街道铺砖，不足为奇。中世纪英格兰的城镇却罕有这样的街道，即使在伦敦，人们也抱怨路面糟糕。

三、讨价还价

必需品比如麦芽酒和面包的价格由法律规定，但几乎所有的制成品都不得不议价。印刷商卡克斯顿（William Caxton）15世纪编印的一个对

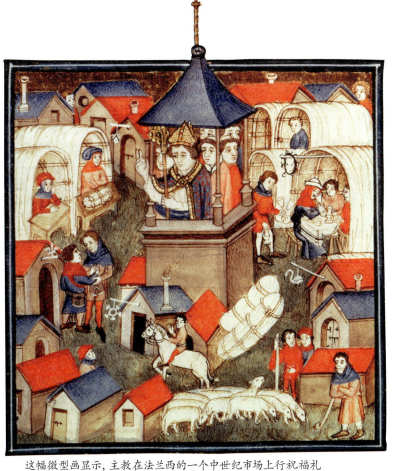

这幅微型画显示，主教在法兰西的一个中世纪市场上行祝福礼

话本，以14世纪一个语言读本为基础，内有一个顾客如何与布商讨价还价的对话：

"太太，一埃尔（45英寸）布要多少钱？或者说，这匹布你要多少钱？一句话，一埃尔布要多少钱？"

"先生，很公道，价廉物美啊。"

中世纪的生活 55

"对呀，真的，如果是卖牛，那是真便宜。太太，你要让一点。且听我还价。"

"一埃尔布4先令，请吧。"

"4先令能买到上好的红布了。"

"我有些红布，不算是上好的吧，但我7先令也不卖。"

"但这不是上好布呀，你要价太高，太高了，你知道的！"

"先生，你看值多少呢？"

"太太，我看顶多值3先令。"

"那样说是罪过。"

"听我说，我要出多少你才都卖给我？"

"我给你一口价：你付5先令，接受这个价，你就可以买好多埃尔的布料，我不会再让价了。"

就这样，你打开腰带上挂的钱包，找出5先令。不过，14世纪晚期是没有先令的。最小的金币是1/2贵族金币（3先令4便士）和1/4贵族金币（1先令8便士），所以说，如果你有1/2贵族金币和1/4贵族金币，你就能凑足5个先令。[①]或者你可以用银币凑足5个先令：用格罗特（4便士）、半格罗特、便士、半便士和法新（1法新等于1/4便士）凑齐。

---

① 当时英国货币单位的换算是：1先令=12便士，1贵族金币=6先令8便士=80便士，1/2贵族金币=3先令4便士=40便士，1/4贵族金币=1先令8便士=20便士，因此，5先令=60便士=1/2贵族金币+1/4贵族金币。

每年一届的伦迪特博览会上的商家。自12世纪起，博览会每年6月会在巴黎附近的圣丹尼斯举行

四、规章制度

　　经营得好的集市对一个城镇的名声很重要，所以城镇的管理是很严格的。实际的警务管理往往由执行官或执达员办理，他们执行这样一些

规定："在集市的日子里，马匹是不能留在市场里的。""人人都要保持自家门前的清洁卫生。"大多数城镇有40至70种规章条例；犯规者一律被带到法院，处以罚款。

有理由对生意买卖的监管表示感谢，因为缺斤短两是臭名昭著的问题。加工木制量具的人通常要发誓保证标准的尺寸。法庭书记员告诫你，有些饭锅可能用了较软的金属，只是包了一层铜皮；烤面包里夹了石子，以达到法定的重量；羊毛被拉长后织成毛线——后来是要缩水的；让胡椒受潮后出售以增加重量。有时，肉已经臭了还在卖，酒已经酸了照样买，面包长绿霉了还继续卖。

如果你是这些劣行恶俗的受害者，你直接去找管事的当局。犯事者会被戴上木枷，头手被紧锁，示众羞辱。卖腐肉的屠夫可能会被捆在一个架子上，拖着游街，戴着木枷，木枷上还挂着腐肉，用火燎那臭肉熏那犯事的人。卖酸酒被逮住后，酒商同样要戴上枷被羞辱，要被迫喝下令他呕吐的酸酒，被兜头淋一身臭酒。复仇的甜蜜补偿了买到酸酒的恶气。

14世纪的购物之旅常使你想起，今天的我们与中世纪的前人竟然有那么多的相同之处。同样，这趟游历又使你注意到那么多的千差万别。我们不同于我们的前人。你看他们多年轻，平均年龄才21岁——再看看穷人那点可怜的口粮，瞧他们微笑露出的那一口烂牙，瞧他们面对死亡的韧性。

想想那坑坑洼洼、恶臭扑鼻的街巷，看看集市上那些瘦小的牛羊。有人偷东西引起打斗，引来执行官的干预时，你看见人们那围观的劲头竟酷似今天，不过我们今天管控那些事的执法过程已完全不同了。彼时，如果被偷的东西达到足够的价值，贼人就会被草草审判，当天就被绞死。这正是历史如此有趣的原因——跨越千百年的差别和相似。

黄昏时分，城门关闭之前，你看见人人离开鳞次栉比的小酒店——你可能会想，上文引述的诗人奥登那段话很有意思。为了理解自己，我们首先要用不同的眼光去看社会——而且要记住，历史是研究活人的，而不是研究死人的。

扩展阅读

14世纪90年代的物价*

普通麦芽酒	3/4～1便士/加仑
波尔多酒	3～4便士/加仑
培根	15便士/片
鸡肉	2便士/只
新鲜鳕鱼	20便士/条
食糖	18便士/磅
苹果	7便士/100个
鸡蛋	33便士/425个
毛皮大衣	5先令4便士/件

★见兰卡斯特的亨利、德比伯爵的账簿。

14世纪90年代的工资/薪水

国王的御医	40英镑/年
王室官员	20英镑/年
泥瓦匠	8英镑/年（每天6便士）
木匠	4$\frac{1}{4}$便士/天
盖茅草屋顶的工匠	4$\frac{1}{4}$便士/天
普工	3$\frac{1}{4}$便士/天
贵族家的仆人	1英镑10先令/年
自耕农家男仆	1英镑/年
自耕农家女佣	10先令/年

注：按照旧的币制，12便士（d）为1先令（s），20先令为1英镑（£）。

伊恩·莫蒂默，史学家，著有《漫游中世纪的英格兰》（*The Time Traveller's Guide to Medieval England*），Vintage, 2009。播客地址：historyextra.com/medieval-life。

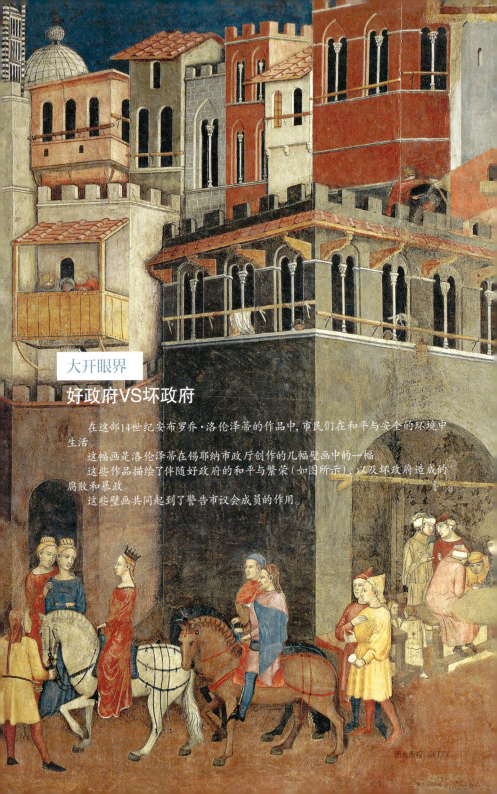

大开眼界

好政府VS坏政府

在这部14世纪安布罗乔·洛伦泽蒂的作品中，市民们在和平与安全的环境中生活。

这幅画是洛伦泽蒂在锡耶纳市政厅创作的几幅壁画中的一幅。

这些作品描绘了伴随好政府的和平与繁荣（如图所示），以及坏政府造成的腐败和暴政。

这些壁画共同起到了警告市议会成员的作用。

第六节　国王的公平裁判

向君主呈递的请愿书揭示了日常生活的多彩细节

中世纪的民怨可以靠直接向国王或议会请愿来解决。正如马克·奥姆罗德（Mark Ormrod）所解释的那样，许多请愿书揭示了约700年前日常生活多姿多彩的细节。

本节现代插画的作者是贝卡·索恩（BECCA THORNE）

"古时的请愿书"代表着中世纪英格兰社会生活的丰富资源。索恩的现代插图展现国家档案馆馆藏17000份请愿书所描绘的一些事件

1378年，肯特郡的骑士约翰·康沃尔（John Cornwall）向海斯附近的维斯顿翰格城堡（Westenhanger）发动了一连串的突袭。主人约翰·德·凯瑞尔（John de Kyriel）已去世，城堡是寡居的淑女莱蒂丝·凯瑞尔（Lettice Kyriel）的家园。康沃尔玩弄了一连串的阴谋诡计，要夺取城堡及其女主人。他化装成托钵僧，随从的恶棍假扮成莱蒂丝的仆人。这帮恶棍开始时来了40人，继后增加到60人。他们搭云梯攀登城墙，捣毁城堡的门窗。

这个肆无忌惮的骑士没有料到对手足智多谋。莱蒂丝的手下呐喊呼号，邻里闻声赶来救助，康沃尔的第一次突袭就被挫败了。遭遇最后一次突袭时，凯瑞尔在护城河里躲避了4个小时，最后安然脱险。与此同时，她抓紧时机提起诉讼，控告康沃尔对她人身安全造成威胁，给她带来了财产损失。

但最让她害怕的是康沃尔利用高层人士的能耐，他可以得到王室的赦免，可以免遭起诉。在护城河劫难的4个小时后，她立即致信（见本书第68页）正在格洛斯特开会的上议院贵族，请求他们保证追究约翰·康沃尔的罪责。

莱蒂丝丰富多彩的故事在国家档案馆的17000份请愿书里保存下来。这些文件为后世研究中世纪晚期英格兰的社会史提供了极其丰富的资源。

古人这些请愿的故事之所以被记录下来，那是因为那些人不能靠国王法庭的常规路子申冤，他们向更高的权威表达诉求。这些诉求直达国王及其咨议会，他们在国会开会期间呈上请愿书。

请愿的源头始于13世纪末，国王爱德华一世把议会变成解决这类冤屈的论坛。到14世纪晚期，请愿者向议会的上院议员和下院议员递状子申冤的情况相当常见，他们希望个人之间的争吵可以被当作公众关心的问题来处理。

因为请愿书所涉及的问题常常是普通法没有条文规定的问题，所以请愿者就诉诸自然公正的原则。因此，这些问题并不受常规法律的约束，常常提供了大量的事件细节，而这些细节不见于法庭正式记录的。

这些请愿书的显著特点之一是社会广度：几乎涉及所有阶级和状况的男性，以及正如莱蒂丝的诉求所示，妇女的情况也有所代表。然而必不可免的是，呈递请愿书所需

的成本和物流支持为更富裕的人带来优势。

　　说自己是"穷人"的请愿者往往是遵循一种夸大其词的惯例，而不是在陈述自己的真实经济能力。不过许多迹象表明，请愿可以是小人物反抗大人物的手段。在一个早期圈地的案件（约1414年）中，诺丁汉郡的佃农达尔顿和拉格纳尔，抱怨理查德·斯坦霍普（Richard Stanhope）伯爵圈占村里的公共放牧场，夺占了他们向国王纳税的资金。在另一些案件中，自称的穷困似乎是非常真实的。一出表现对抗的戏饶有趣味，促使国王爱德华一世在1290年发布把犹太人驱逐出境的敕令。在这出戏里，雷丁的沃尔特（Walter of Reading）抱怨，他蒙冤被指为杀人犯，真正的杀人犯是牛津的一个犹太人伊萨克，实际上他本人不在现场，教会委派他出国到圣地亚哥-德-孔波斯特拉去朝觐了。他被控杀人蒙冤，感到沮丧，他的妻子儿女沦为乞丐了。

　　1322年，庞蒂弗拉克特的康斯坦斯·哈利迪（Constance Halliday）报告，兰卡斯特伯爵（Earl of Lancaster）不光彩，不守约，其手下人拖欠她已故丈夫大笔债务，致使她和15个子女忍饥挨饿。诸如此类的故事提供了生动的细节，使我们想起中世纪的社会力量和政治事件在地方事务和个人身上产生的回响。

　　请愿书为日常生活的物质条件提供了引人注目的证据。恶

劣天气是许多灾害的原因。坎伯兰郡科克茅斯（Cockermouth）镇的居民报告，1304年圣诞节的一场大洪水把镇里的三座桥全部冲毁了。几年前，伯里圣埃德蒙兹（Bury St Edmunds）的方济各会修士们就表达过他们的担忧，由于有人提议撤除镇里的法院，遭遇恶劣天气时，人们只能在方济各教会避难，人们和马匹的混乱可能会危害教徒的礼拜仪式。火灾也是主要的危害：1348年，斯塔福德郡塔姆沃思（Tamworth）镇的居民呈上特别的减税请愿书，因为一场大火焚毁了城里一大片地方。

经济基础设施的正常运作很大程度上依靠自然力，一份请愿书凸显了这个问题。林肯郡的居民抱怨，由于两个水磨坊被毁，人们只能依靠风车磨坊磨面。他们说，没有风的时候就没有面包吃。

困境中的请愿者编造出令人毛骨悚然的犯罪故事，这些故事引起我们对古人请愿书的兴趣。中世纪晚期的人们相信，法律由金钱驱动。大人物的仆人和家臣自恃主子的恩宠，对小人物施暴。1418年，一位请愿者痛陈，只要牛津郡南威斯顿的约翰·阿布里（John Abrey）还穿着国王爱德华四世儿子威尔士亲王的绿白相间的制服，人们对他抢劫和敲诈的一切控告都会石沉大海、毫无结果。

在政治纷争的时代，反叛贵族的家臣可能会严重损害法治，这是显而易见的。1322年，唐克斯特的马林（Maline of Doncaster）痛陈，莫布雷勋爵支持兰卡斯特伯爵不久前的叛乱，反对国王爱德华二世，纠集他在北诺丁汉郡和南约克郡的追随者，发动战乱，劫持马林的兄弟、罗辛顿（Rossington）的牧师，抢劫其财物。莫布雷绑架马林的兄弟，将他们带往诺丁汉郡外的哈克诺尔，勒索了200英镑的赎金，那是相当大的一笔钱。

罗辛顿牧师被绑架勒索的案子绝非巧合，案件发生在现在与绿林好汉罗宾汉的传说特别相关联的地区，当时内乱不止，那些传奇故事里所包含的自然公正原则，引起了激烈的公共论辩。100年后，这些绿林好汉的故事渗透进英格兰人的大众意识，甚至出现在请愿书的辞藻中。

1439年，德比郡斯克罗普顿的佃农向国王请愿，控告阿斯顿的绅士彼得·维纳布尔斯（Peter Venables）。他纠集一帮罪犯，"像罗宾汉那帮人一样进入山林"。我们可以想象，斯克罗普顿的佃农说这番话时的冲天怒火。他们雇请律师写状子，律师巧用佃农原话，将其写进请愿书并呈交给下议院，效果很好。

因此，这些请愿书不仅给我们提供了管窥中世纪生活的观点，它们还冲破了法律陈规的束缚，用上了自然公义的语言，这种语言今天仍然可以识别，仍有价值。

马克·奥姆罗德，约克大学史学教授，编辑《14世纪英格兰丛书》（the serise *Fourteenth-Century England*），Boydell and Brewer。

发现更多书

▲《中世纪的请愿书：恩典与冤屈》（*Medieval Petitions: Grace and Grievance*），马克·奥姆罗德编，York Medieval Press, 2009。

本节目的播客

▲奥姆罗德播报，在我们的网站上讨论中世纪的请愿书，historyextra.com/medieval-life。

附：莱蒂丝·凯瑞尔1378年控告约翰·康沃尔的一封请愿信

 敬启者

尊敬的议员先生们：

约翰·德·凯瑞尔骑士的妻子莱蒂丝恳请先生们垂注。

1378年2月7日，莱蒂丝正在肯特郡维斯顿翰格城堡的家园里，约翰·德·康沃尔突然闯进来，剥掉莱蒂丝仆人的衣裳，让他的仆人换上。他带着40个武装的男子，捣毁城堡大厅和卧室的房门，劫持并折磨莱蒂丝，长达4个小时。直到四邻被惊动而前来救助，他才仓皇逃走。以后他又三番五次来侵扰……以致莱蒂丝不敢离开城堡，她随时提防，如同战时。

今天（10月28日），约翰·康沃尔又夜袭莱蒂丝的城堡，他率领60个武装的歹人，用作战云梯登城，砸毁门窗，追逐莱蒂丝，迫使她藏身于护城河；她在恐惧中躲藏了4个小时，半死。康沃尔以为她已死去。他掠走马匹和财物，价值达1000马克[1]，然后离去……恳请诸位大人发善心，请求国王发布通缉令，要求全英格兰的司法官逮捕他，把他关进监狱……不要准予他任何保护，不要授予他任何赦免证，他犯下了上述那些可怕的罪行。

---

[1]　马克是古代欧洲的货币计量单位，曾通用于西欧，包括英格兰。根据19世纪的资料，1066年后，在英格兰1马克相当于160便士。

1481年多塞特郡福丁顿镇的埃莉诺·谢特（Eleanor Shete）致年轻的威尔士亲王爱德华的请愿信。谢特在信里申述，本地骑士的儿子约翰·帕莱特（John Pallet）不遵守协议，没有兑现每年5马克的房租

你可以在网上检索到更多的请愿信

在国家档案馆的网站上，你可以检索到许多请愿信，包括直呈国王、大法官和其他高官的请愿信，所含信息有当事者各方及其地区。15世纪中叶前的请愿书多半是用盎格鲁–诺曼法语写的，此后的请愿书多半是用中古英语写的。你想好准备检索的课题和地方，做好计划——搜寻你家乡的请愿书格外有趣。

如何在国家档案馆网站上检索请愿信

（1）打开国家档案馆网站：

https://discovery.nationalarchives.gov.uk/advanced-search

（2）键入人名或关键词，以界定你的检索

（3）键入年代（可选项）

（4）键入SC8（SC8是古人请愿书代码）。生成相关请愿书的细节，你就会链接到原件免费的数字副本。

第七节　如何寄信

中世纪邮政不可靠、有风险

15世纪的这幅插图显示写信的男人。商人和低阶层的男士常常自己动手写信，但富人和绅士更可能雇人代写

黛博拉·索普（Deborah Thorpe）说，15世纪没有正规的邮政业务，所以把信件从一地投送到另一地会遭遇一连串的挑战。

一、投寄手写信

15世纪的人写信有若干理由——如果他们会写字的话。第一个挑战就是把信写在纸上。

中世纪晚期写信人关心的许多话题今天同样令我们感动。男女天各一方培育爱情，律师辩论法律纠纷，想买房产的人谈论住宅。写信人的范围从高阶仆人直到王室。

女人是主要的写信人和收信人。比如，诺福克郡的玛格丽特·帕斯顿（Margaret Paston）就留下了60多封致丈夫约翰的信，约翰因公务去了伦敦（本书第77页可见一封）。通信的内容可能从平凡到不凡。1448年，玛格丽特给约翰的信催促他寄回弩弓，以回击有敌意的邻居。玛格丽特报告，仆人做了门杠闩门，可以从住宅的各个角落向外射箭，接着又要约翰寄回杏仁、糖果，以及为孩子做新衣的布料。

写信人常常自己动手——商人和低阶的绅士尤其自己写。但优先的选择是由仆人代笔——淑女尤其如此，她们很难得自己动手。中世纪人不像今人，并不把手写书信视为书信真伪的证明。所以，当富有的男人女人的手写书信面世时，书信常常显得并不雅致——因为他们根本就没有必要练书法。

15世纪末，更多的通信人开始自己动手写信。在此之前，写信的最佳方式是请可靠的代书人代写。书写完毕，代书人用烟灰吸干墨水，轻轻弹掉烟灰，折叠信纸，用纸包裹，上蜡封信。

"寻找能干的、能准时出
发的信使可能会遭遇困
难——所以信件常常会稽
留几天才能上路。"

这幅14世纪70年代的插图显示，一个女人把信交给信使。她只能祈祷，信
使能应对投递这封信的挑战——信不至于在路上掉进不当之人手中

二、寻找识路的信使

在国家邮政服务开通之前，寻找合适的男人或女人把信送达目的地是至关重要
的问题。

信封上的姓名和地址写好后，书信就准备上路了。虽然15世纪时书
信在英格兰土地上频繁往来，但我们今天所能看到的邮政系统还没有任
何问世的迹象。等到1512年第一位邮政总长布莱恩·图克（Brian Tuke）
被任命以后，邮政系统才发展起来。

监管有序的邮政形成之前的15世纪，寄信有三种方式：用自己的仆
人送信；雇信使送信；让赶车人送信。当时的赶车人装载着沉重的货物

往来全国各地。

　　用自己的仆人送信最安全、最省钱，但若要派一个仆人出远门去送信，那不是随时都可能办得到的。雇信使送信、让赶车人捎信常常是更方便的，投递的路线是熟悉的路线时尤其方便。1448年，法斯托尔夫（John Fastolf）勋爵的仆人给主人回信，为他的迟误致歉说："如果圣诞节前能在伦敦找到信使，您的书信就能上路。"

三、防止敌人劫信

中世纪英格兰的旅行可能会有危险，所以，通信人只能祈祷，他们的书信不会被半路拦截。

　　法斯托尔夫勋爵的仆人给主人回信说："宁可信被焚毁，也不能让它丢失。"他为何有感而发这样的结论？因为中世纪英格兰的书信可能会有危险——信件含有敏感的信息时尤其危险。中世纪的写信人担心，敌人可能拦截私密信件，在遇到法律纠纷时，敌人会把信件用作不利于写信人的证据。上面提及的这位仆人追加一个经典的拉丁语比方"Ne forte videant Romani"，意思是"以防罗马人看见"。知识就是力量，敌人握有知识时，知识尤其有力量。

　　威胁中世纪书信的不仅有恶意。因为许许多多信件和其他物品在全国流动，信件遗失的风险总是存在的。这样的厄运就落到沃尔特·帕斯顿（Walter Paston）头上。1479年，他的一封信就被误投了，同时被误投的还有一大笔钱，这些钱是送到伦敦去保存的。后来，帕斯顿就此做了说明："信使布朗先生的袋子里装了大笔钱，他不敢随身带，我的信也放在那个袋子里。他忘记把信取出来，信和钱就一并被送到伦敦了。"

四、追寻收信人

可怜的送信人。他可能奔波了几百英里去投递——到了之后，却只能祷告，希望有人在家收信。

如果说信件安全抵达意向中的收信人是写信人的压力源，你还要可怜可怜书信的送信人。

相当于今天邮差的中世纪送信人有时要从南到北、从东到西穿越全国去投递信件。因为中世纪的产权人常常在多处家产之间走动，所以不能保证，送信人到达收信人地址后，主人一定在家。

1450年，一封信的收信人是诺福克郡凯斯特堡的牧师，信上试投的地址有三个，送信人不得不尝试，并不知道是否能在城堡找到牧师本人。

如果送信人到达时收信人正好不在，他常常要等候很久。给牛津郡的威廉·斯托纳（William Stonor）送信的送信人向发信人回话说，他尝试了，但收件人不在家。他要斯托纳放心，他会再试。"约翰·切尼带着猎隼出门打猎去了，等他一回来，我就去投递。"

五、坏消息吗? 别射杀送信人啊

有时，收信人会勃然大怒。这使得精选信使就耗资不菲，因为信使要擅长调解的艺术。

送信人终于把你珍贵的信件送达收件人。但那未必已完成他的任务。有时，信使还有传递口信的任务。有时，尤其信的内容得罪了收信人时，信使还得像外交官那样行事。

1449年，帕斯顿家族不得不派一个女仆去送信。收信人强占他们家的一座庄园。男仆都不愿意去冒这个险。在局势高度紧张的时候，用女

15世纪插画表现的法院召唤人，他要在全国巡游，送达法院的传票，插画取自乔叟的《坎特伯雷故事集》

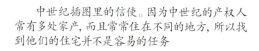

中世纪插图里的信使。因为中世纪的产权人常有多处家产，而且常常住在不同的地方，所以找到他们的住宅并不是容易的任务

仆送信取得很好的效果。我们被告知，收信人兴高采烈地接待她，听她传递口信，和蔼优雅。以前派出的男仆没有受到如此热情的接待。

六、阅后即焚

有人坚持要求，信件阅后即焚，另有人却热衷于将信件归档保存——对今天的我们而言，诚为幸事。

有些15世纪的写信人明确指示，他们的信收到后，阅后即焚。另一些人的信纸的地脚处写上最敏感的信息，意思是让手下人撕下处理掉。这两种方法的意图都是限制私密信息，不让他人知道。然而，这些书信留存下来说明，这些指示并非人人服从。看来，中世纪的通信人想避免留下书面文档，但保存证据的执着也不遑多让。

约翰·法斯托尔夫勋爵在凯斯特堡的塔楼里特别设计另一个档案室，仆人搜集他的书信和其他文件。像今天一样，设计分拣和储存文件的方法可能是有困难的。文档存放以后，法斯托尔夫的仆人寻找文件常常会遇到困难。连他的继子也抱怨，他找不到父亲需要的任何档案，"任何他认识的人"也找不到。

不过，虽然那时的分类系统有瑕疵，那个系统还是保存了书信，使之免于遗失或损毁。正是对保存书面证据的执着，我们必须要感谢，它为今天的我们留下了中世纪的书信。这些书信告诉我们，在那个令人着迷的时期，人们是如何组织自己生活的。

黛博拉·索普，在约克大学做博士后，正在研究中世纪的抄书人。

本节目的播客

▲黛博拉·索普，用播客介绍中世纪英格兰人写信的情况，每周一期。链接：historyextra.com/medieval-life。

发现更多书

▲《血与玫瑰：帕斯顿家族与玫瑰战争》（*Blood and Roses: The Paston Family and the Wars of the Roses*），海伦·卡斯特（Helen Castor），Faber&Fadber，2005。

▲《邮政名人：王室邮政史》（*Masters of the Post: The Authorised History of the Royal Mail*），邓肯·坎贝尔-史密斯（Duncan Campbell-Smith），Penguin，2012。

"他心里在诅咒你"

1448年，一位妻子在家书里提醒丈夫要警惕一位对手

　　在上面这封信里，诺福克郡帕斯顿家的玛格丽特告诉丈夫约翰，她目睹他们的牧师詹姆斯·格罗伊斯（James Gloys）和他们家族的冤家约翰·温德汉姆（John Wyndham）发生冲突。温德汉姆在街上对格罗伊斯大喊大叫，因为格罗伊斯没有对他脱帽致意。当格罗伊斯用充满敌意的话回敬他，温德汉姆及其仆人就对着格罗伊斯挥舞佩剑和长矛，而且高声叫骂玛格丽特及其母亲是"骚货娼妓"。

　　玛格丽特告诉丈夫，她立即向诺里奇的行政长官提出控告，长官立即向温德汉姆发出传票。但即使传票也未能阻止这个仆人一而再地攻击格罗伊斯，温德汉姆家这个仆人还用佩剑猛刺他们帕斯顿家的一个仆人，划破了他的手。

　　玛格丽特告诉丈夫，她决定送格罗伊斯到伦敦给丈夫当助手。接着她又说，听说温德汉姆也打算去伦敦。她要丈夫当心，因为温德汉姆"心里诅咒你"，可能像贼一样偷袭，而不是"像男子汉"那样光明正大。

第八节
中世纪图像举要

阿利克丝·博维（Alixe Bovey）以高夫地图为向导走遍全国，发现了一些非凡的珍宝。她向我们解释，这些珍宝为我们讲述了中世纪不列颠。

彭斯赫斯特大殿

　　从1341年到1349年死于黑死病期间，富商、伦敦市长约翰·普尔特尼（Pulteney）勋爵命人为彭斯赫斯特（Penshurst）修建一幢大殿，这就是他在肯特郡的庄园宅邸。宅邸名为男爵的大殿，是英格兰保存最

彭斯赫斯特庄园包含英格兰保存最完好的14世纪大厅

好的14世纪大殿。高耸的栗色房顶横展12米（39英尺），由10根梁托支撑，梁托状若仆人，在横梁的重压之下面露怪相。

　　无疑，普尔特尼有意在大殿谈生意、宴饮和娱乐。窗户高大、灯火明亮、窗饰时髦，仿伦敦款式，却只有大厅中央的炉火供热——在冬季时，他的客人不得不穿最保暖的皮草。

埃克赛特大教堂的蜡人奉献像

1943年，埃克赛特大教堂（Exeter Cathedral）遭希特勒德国空军的轰炸。后清理废墟时有一个非同寻常的发现。埃克赛特主教（1420—1455）埃德蒙·莱西（Edmund Lacy）的墓葬上面有一个蜜蜡人俑的窖藏，里面有蜡制的人和动物的肢体，还有一个完好的女俑像。许多易碎、中空的肢体系着细绳，看来，这些绳子是用来悬挂人俑的。

这些人俑叫作奉献像，是朝觐者寻求治疗奉献的，他们为自己、他人甚至宠物求治病良方。在一段时间里，莱西被当地人视为圣徒，但从未被官方认可。他患胫骨病，也许这能解释为何奉献品中有许多条腿：朝觐者大概希望，他可能对伤病腿特别同情。这些脆弱的奉献像极其罕见，让我们瞥见了宗教改革之前英格兰的民间信仰。

中世纪朝觐者留在埃克赛特大教堂的蜡人奉献像之一

格洛斯特大教堂里爱德华二世的雪花石膏雕像

格洛斯特大教堂的爱德华二世墓

格洛斯特大教堂（Gloucester Cathedral）的爱德华二世墓纪念着中世纪最不成功的国王之一。1327年爱德华二世去世时，他已经臭名昭著——被王后及其情人废黜，因苛政而蒙羞，还可能是被谋杀的。他的坟墓修建耗时10年，展现精湛技艺。他的雕像用雪花石膏镌刻，是英格兰第一座这种材质的重要人物雕像，置于一个精致的微型建筑笼子里，笼子饰以精雕的扶壁、尖塔和花形的浮雕。

雕像本身是娴熟的自然主义与优雅象征主义的迷人结合，面部被理想化，却栩栩如生，眉头微皱，鼻翼略宽，双唇轻启，逼真的五官与整齐的发须反差强烈，一缕缕头发平顺平行，槽痕分明。细部用金箔和油漆处理，王冠装点着人造珠宝。尽管他的王政多有不和，朝觐者还是蜂拥而至，在他的墓前祈祷；有人甚至动员造势，想要确认他为圣人。

纽波特沉船遗址

2002年，在纽波特郡乌斯克河岸的泥土中，发现了一艘中世纪沉船的残骸。这一极其罕见的发现可望向史学家们透露大量信息，告诉我们"玛丽·罗斯"（Mary Rose）号沉船之前的贸易。乌斯克河这艘沉船是1445年之后在法国打造的，15世纪60年代中期曾用英国的木材修缮。该船大概是沿着布里斯托尔海峡（Bristol Channel）和塞文河口（Severn Estuary）驶入的，这是中世纪一条重要的航运水道，高夫地图上有清楚描绘。

乌斯克河的泥土使这艘坚固的船得到很好的保护，船长35米（接近115英尺），发掘后被移至库房，拆卸下来的木材在巨大的箱体里冷冻干燥。该船用橡木打造，山毛榉做龙骨，透露15世纪造船业的大量信息。船上发现的物品包括炮弹、发梳和华丽的尖头鞋；葡萄牙陶瓷和辅币显示与伊比利亚半岛（Iberia）的贸易。

在纽波特（Newport）发现的15世纪一艘船的遗存，它可能揭示中世纪贸易的大量信息

坎特伯雷大教堂的怪物

　　坎特伯雷大教堂（Canterbury Cathedral）阴暗地下室的柱头上雕刻着鬼魅、怪兽和吼狮。有的窥视路人，似在威胁；亦有相互厮杀者，或徒手，或械斗。在圣加百利教堂的一根柱子上，畸形的怪物用笛子和弦乐器演奏幽静的小夜曲。在柱顶正面，一只飞翼怪兽爪子像狗、长耳像兔，弹竖琴，另有一只狼为其吹笛伴奏。

　　这些怪兽在不列颠最令人印象深刻的大教堂里干什么用？有人说和《圣经》有关，比如，有两个狼头、骑扭曲怪物的女人形象可能是《启示录》里描绘的巴比伦娼妓。其他的形象比如弹奏乐器的动物可能是对某类古代文本的响应吧；那些文本纵情于荒谬，或使人想到邪恶与诱惑。这些怪兽是无解之谜，是艺术家和匠人技艺和想象力的丰碑，他们在1100年前后修建了坎特伯雷大教堂。

坎特伯雷大教堂石柱上两个杂种怪物

摇铃铛的麻风病人，约14世纪。中世纪的人很害怕身边的麻风病

奇切斯特的麻风病人

中世纪最令人恐惧的疾病之一是麻风病，这是侵害皮肤、黏膜和神经的细菌感染。麻风病疼痛，使人肢体畸形，最终足以致命。雪上加霜的是，病人被逐出社会，被流放到所谓特别居所的麻风村。1118年，奇切斯特就建了这样一座麻风病院，献给圣詹姆斯和抹大拉的玛丽亚。20世纪80年代和90年代，该病院的墓地被发掘，其遗骨现存布拉德福德大学的生物人类学研究中心。遗骨显示麻风病对人体造成的严重侵害，骨骼的变形令人震惊，四肢骨头和头骨的变形尤其严重。

第二部
死亡、疾病

黑死病、麻风病、犯罪和贫困到处潜伏，中世纪的生活残酷无情，人命短暂夭亡。

和危险

第一节　黑死病

探索与过往时间有明显关系的地方有助于我们理解历史课题。约翰·哈彻（John Hatcher）探访沃尔沙姆·莱威洛斯的萨福克村（Suff Suffolk Village of Walsham le Willows），1349年，这个村子一半的人口死于淋巴腺鼠疫。

沃尔沙姆·莱威洛斯是一个上了风光明信片的村子，历史风味的草屋、半原木的住房星罗棋布，点缀在西萨福克郡乡间，距贝里圣埃德蒙兹（Bury St Edmunds）14英里。蜿蜒的小溪在大街一侧流淌，宽大的大院里，浓荫掩映着中世纪的圣母教堂，大路和小路交错，绿地和农田绵延——一切都流露出宁静平和、典型的英格兰风情。因此，获悉14世纪中叶这个不列颠村落曾遭遇的一场大灾难时，人们感到格外震惊。在短短两个多月的时间里，从亚洲传来的一种瘟疫竟然夺去了不列颠一半的人口。这场大瘟疫后来名为黑死病，在短短7年的时间里，它就灭掉了人类人口的一半。1345年，瘟疫从东亚高地草原向外传播，沿西南方横扫一大片弧形地带，到达中东、地中海和北非，然后向北向西横扫另一个弧形地带，覆盖整个欧洲，从西班牙南部到挪威北部，从爱尔兰的西海岸到俄罗斯东部，最后于1352年在靠近它暴发的源头，逐渐消失。

和中世纪编年史家相比而言，现代史学家对历代浩劫的评估更为科学和谨慎，但他们对死亡率的估计却是个例外：近几十年来，对黑死病死亡率的估计不是降低了，而是提高了。

黑死病的传播摧枯拉朽般迅猛，死亡率之高不可思议。虽然彼时对其特征症状的描绘很充分，也有说服力，尤其对极其肿大和疼痛的腹

"在短短7年的时间里，黑死病就灭掉了人类人口的一半。"

—— 约翰·哈彻教授

约翰·哈彻检查沃尔沙姆庄园（Walsham Manor）1394年6月15日的法庭记录，为了全部记录死于瘟疫的109家佃户的名字，羊皮纸不得不多加几张缝在一起

股沟腺炎都有详尽的描绘——但越来越多的医学家、流行病学家和史学家开始怀疑，黑死病是否真是腺鼠疫。所以，人们提出很多其他可能性，包括炭疽病和斑疹伤寒。有人认为，摧毁力如此巨大的疾病只可能是病毒引起的，也许是埃博拉病毒，甚至是彗星从外太空传来的未知病原体。

约翰·哈彻教授在沃尔沙姆·莱威洛斯的圣母教堂。他说："村子里的死亡率可能在60%左右。"

　　然而，在过去的十年里，人们用组合手段进行研究，有了新的发现；用DNA分析加基于抗原的快速诊断测试手段检测欧洲各地50多个黑死病墓地的骸骨，结果证实，鼠疫杆菌正是中世纪摧毁欧洲的黑死病的致病原。

　　沃尔沙姆·莱威洛斯村为这场瘟疫的表现方式提供了珍贵的信息，因为它留存的文献质量很高。所有死亡的佃户都记录在案，详细而连续，村子里两个庄园的法庭记录完好无损。所以我们看到，瘟疫死人的记录始于4月初，止于6月初。彼时，本地佃户109人死亡，许多葬于公共墓地。

瘟疫来袭前，这两个庄园约有176个佃户，也就是说，村子里的死亡率大概是60%。实际上，1349年6月15日，沃尔沙姆庄园法院开庭时，必须记录下来的死者太多，加上其土地及其继承者的信息也需要记录，所以书记员不得不缝制加页的羊皮纸，以容纳所有的信息。

但沃尔沙姆庄园的经历并不独特；瘟疫的冲击富于戏剧性，全社会都立即感觉到了。300多年的人口增长使14世纪初的欧洲多半都人口过剩了，但黑死病的高死亡率意味着，顷刻之间，人口已相当稀少，土地和就业机会都相当丰沛。于是，地主和佃农、雇主和工人的力量平衡戏剧性地变动了。

社会精英千方百计阻挠变革，普通人决心利用疫情后新世界提供的机会。农奴制开始衰落，租金下降，空置房屋的租约猛增，工资上升，许多妇女地位改善。这些广泛的变革在沃尔沙姆法庭的记录里同样也能追溯到。在疫情刚过后的法庭记录里，许多过去无地的佃农继承远房亲戚的土地，不过也有一些人婉拒了这样的继承——大概是因为土地太贫瘠、太贵，或附带的杂役过重。

在次年的收成时节，领主遇到麻烦的迹象也显而易见，大批佃农没有去领主的农场服役。

然而，有些土地还是处于需求的旺盛中，例如，富裕的克兰默家族三代人里的男丁在几个星期内因瘟疫死亡以后，其永久产权由奥利维亚和希拉里两姐妹继承。她们利用出乎意料的好运，经营成功：养了大群牛羊，满足上涨的肉食需求，供应奶制品和羊毛，这是因为工资上涨后，瘟疫幸存者吃得更多更好，穿衣的花销也更多。庄园记录还显示婚姻猛增，因为幸存者在他们的小庄园里追求新伴侣和助手，借以弥补已故配偶的失落。

1361—1362年，又一连串致命的瘟疫粉碎了地主们的任何希望，迅速扭转黑死病后社会变化的希望破灭。对多数人而言，收入固然提高，生活固然改善，代价却是一再暴发的瘟疫，造成人的夭亡和过早痛失亲人。尽管如此，虽然大瘟疫难以想象地凶猛，对社会和经济的冲击前所未有，但社会并没有崩溃，混乱与不和得到控制，令人惊奇。

今天，"中世纪"一语常被用来表示无法无天、暴力动乱和无政府状态，然而，从先人的身上，我们能学到许多东西。他们不但在最严重的自然灾害中活下来了，而且使生活重回正轨，一定程度上在村庄的层次上和全国范围内恢复了生活的常态和有效的治理。

沃尔沙姆教堂里的石材装饰。在纷争年代里，宗教在村民的生活中发挥重要的作用

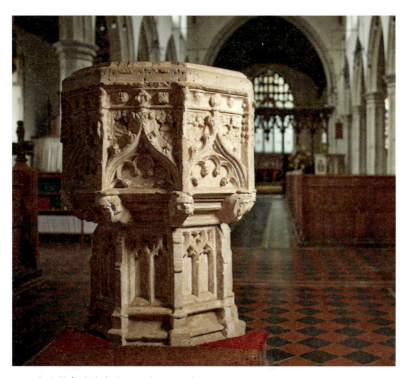

圣母教堂的圣洗池可回溯至14世纪

约翰·哈彻，剑桥大学荣休历史教授，著有《黑死病：一个村子危机的秘史，1345—1350年》（ *The Black Death: The Intimate Story of a Village in Crisis, 1345–1350* ），Weidenfeld & Nicolson，2009。

本节目的播客

▶约翰·哈彻用播客介绍黑死病，地址：historyextra.com/medieval-life。

探访
沃尔沙姆·莱威洛斯

萨福克郡沃尔
沙姆·莱威洛斯
● walsham-le
-willows.org

① 剑桥大学圣体学院

② 西萨塞克斯郡特罗顿镇圣乔治教堂

③ 多塞特郡韦茅斯镇

④ 爱尔兰基尔肯尼镇的圣弗朗西斯修道院

⑤ 伦敦博物馆

1. 剑桥大学圣体学院

corpus.cam.ac.uk

圣体学院（Corpus Christi College）于1352年由行会创办。两位董事和六位牧师学者的主要职责是：为死于瘟疫的行会男女唱安魂曲，在精神上抚慰幸存者，培训新牧师以接替命丧瘟疫的牧师。14世纪50年代修建的老庭（The Old Court）是剑桥最古老的庭楼。

剑桥现存最古旧的老庭

七善事，圣乔治教堂壁画局部，位于西萨塞克斯郡特罗顿镇

2. 西萨塞克斯郡特罗顿镇圣乔治教堂

trotton-with-chithurst.org.uk

14世纪后期一波接一波的瘟疫使人恐惧，怕猝死在人们心灵上留下污迹。圣乔治教堂壁画（约1390年）生动描绘基督末日审判端坐的形象，一个天使欢迎精神纯洁者赤裸的灵魂升天，另一个天使堵住淫荡者不准其升天。描绘七善事和七原罪的圆盘也是一景。

3. 多塞特郡韦茅斯镇

visitweymouth.co.uk

在中世纪，海滨小镇韦茅斯出口羊毛和布料，进口葡萄酒，颇为兴旺。1348年六月末七月初，从波尔多进口的酒桶带来杆菌，引起瘟疫。今天，

港口边一块纪念牌说明，韦茅斯镇是英格兰第一个感染黑死病的地方。

4. 爱尔兰基尔肯尼镇的圣弗朗西斯修道院

kilkenny.ie

这个修道院之所以出名，那是因为修士约翰·克林（John Clynn）留下了爱尔兰瘟疫的记述，详尽无遗，令人动容。瘟疫扫荡城镇和乡村，几乎无一活口幸存。因为这个地区和修道院死亡人数难以计数，所以他用羊皮纸记录疫情留下这样的文字："以便让大难不死的任何人和亚当之子把我开始的记述继续下去。"后来有人在他手稿上补记道："看来这位修士死于瘟疫了。"

这个修道院建于13世纪30年代，瘟疫后衰败，现在遗址在一家啤酒厂内。

圣弗朗西斯修道院精致的东窗，位于爱尔兰基尔肯尼

东史密斯菲尔德墓地出土的瘟疫坑遗骸，位于伦敦

5. 伦敦博物馆

museumoflondon.org.uk

　　1348年11月，黑死病袭击伦敦，死亡人数太多，人们不得不匆匆增辟许多墓地，一坑多人，草草埋葬。东史密斯菲尔德墓地（East Smithfield cemetery）就是新增的墓地之一。从其中骸骨提取的组织使瘟疫病菌的基因组得以重构。令人吃惊的是，骸骨基因组与今日世界许多地方发现的病菌基因组非常相似。伦敦博物馆陈列许多与伦敦黑死病相关的展品，表现东史密斯菲尔德墓地的考古发掘。

1485年的木刻画表现财主和拉撒路（Lazarus）的寓言故事，拉撒路被后人尊为守护麻风病的圣贤。这类圣经故事形塑了中世纪人对麻风病的态度

第二节　与麻风病共存

卡罗尔·罗克利夫（Carole Rawcliffe）说，诊断治疗中世纪欧洲令人恐惧的麻风病时，医生们表现出非常精湛的医术。

麻风病：15世纪的诊断

1468年夏，米德尔塞克斯郡布伦特福德（Brentford）镇的乔安娜·南丁格尔（Joanna Nightingale）向英格兰大法官请愿，惴惴不安地等待请愿的结果。向大法官法院起诉的人常常感到焦虑，自有其原因，因为那是最后的一搏，而乔安娜处境特别令人绝望。她被宣判为麻风病人，裁决的陪审团大概由她的邻居组成，她可能会被迫退居到乡间的地方，孤苦伶仃，远离社群，不受人欢迎。

根据《旧约·利未记》里的一条裁决，在中世纪的欧洲，疑似麻风病人通常要"独居营外"，或住在专科医院（英格兰共有300多所），或住在非正规的聚落里。如果患者是富人，他就可能隐居到静谧的地方，外人看不见。但是，要求他隐居是为了避免宗教仪式被污染，而不是害怕被感染，所以实际上的隔离不是绝对的。比如说，住院治疗就完全是自愿的，因为住院最适合那些过宗教生活的人。

患病者和健康人的关系是密切的。成群的麻风病人上门求施舍，甚至在市场和街巷里求布施；许多病人去圣地朝觐，希冀神奇的治愈。因为耶稣曾经与麻风病人交往（在麻风病人被罗马士兵鞭笞后，他甚至效仿麻风病人），所以，照顾麻风病人似乎是一种特别的美德。对麻风病人的呵护或者是亲力亲为，或者是提供物质的支持。

恐惧的对象

正如乔安娜1468年所发现的那样，在此前的100年里，公众的态度远不如过去那样宽容了。部分原因是医学理论和实践的著作在西方传播开来，古希腊和穆斯林这方面的著作广泛流布。结果，有关麻风病借有毒潮气或瘴气在人与人之间传染的新概念开始扎根。

1348—1350年的黑死病和随后频繁的瘟疫大大加剧了人们对感染麻风病的担心。在抗生素发明之前的时代里，类似麻风病的退化性皮肤病不仅看上去身体不适，而且被认为会产生瘴气，于是患者既令人恐惧，又令人同情。

于是，乔安娜拒不离家就引起了官方的激烈反应，以至于米德尔塞克斯郡治安官接到上司公函，命令他召集本地专家判定乔安娜患病的性质；如有必要，治安官要迅速将她驱逐转移。

乔安娜害怕再与当局摩擦，遂采取预防措施。她向英格兰大法官请愿，大法官安排了正式的审理，由爱德华四世三位最杰出的医学顾问在威斯敏斯特进行审查。

顾问们的报告用拉丁文撰写，拉丁文是大学正规医学教育所用的语言，特别有趣。这一点很重要，因为这个报告与欧洲大陆的文献形成鲜明的反差，而英格兰中世纪晚期的拉丁文医学文献存世的很少。该报告反映了异乎寻常的精湛诊断术，它非常重视"科学程序"的重要性，强调"医学科学"理性研究的手段。

直到今天，中世纪医学还常被视为古希腊明灯和文艺复兴之间晦暗的插曲。对麻风病的反应往往还引起最令人恐惧的愚昧而残忍的大而化之的议论。然而，1468年检查乔安娜病情的两位王室内科医生和一位外科医生却展现出一丝不苟和富有条理的态度，去面对为她诊断的挑战：

乔安娜症状令人困惑的表现是人尽皆知的。

可靠确诊的病兆

由于阳性诊断的后果严重，中世纪后期的医生比如法国的外科大夫盖伊·德·乔利亚克（Guy de Chauliac）提倡谨慎态度。如有必要，他们甚至几次召回疑似病人，长时间检查，看看潜在的令人惊慌的病症是否有所发展。

许多人建议采用一个检查清单，包含所有或大部分40多种毫无疑问的病兆或明确的病兆，一列是阳性症状，一列是阴性症状，只有在阳性症状远多于阴性症状时，才能正当地得出确诊的结论。

乔安娜病情的审理证明是直截了当的。富有职业精神的医学专家专注地检查常见的25个"证据"清单，经过透彻的检查，他们很快断定，她没有患病。为求进一步谨慎，无疑又为了安抚她的邻居，他们又检查了40种"次要征兆"——医生们承认的4种麻风病亚型的征兆。进一步的检查再次证明，她看上去"完全无症状、未染病"。她高高兴兴地离开法庭，手捧不用被监管的证书。

这三位医学专家在寻找什么？他们的检查清单上的许多项目会让现代医学专家感到非常熟悉。鼻软骨塌陷，声音嘶哑，呼吸困难，面孔和身体结节，嘴唇、眼睛、齿龈和耳朵的溃疡，畏寒，刺痛，四肢麻木，手指头和脚指头损害，"鹰爪"手脚，脱发，皮肤变色……它们共同呈现了21世纪任何医学教科书中都能找到各种症状。然而，如果假设中世纪晚期的医生像我们今天这样看待疾病，并拥有检验室技术为基础的所有优势，那就错了。

1468年采用一些检验意在发现，乔安娜身体里的冷、热、干、湿成分是否有重大的失衡。彼时的医者相信，这种失衡会引起疾病，麻风病人身上的失衡尤其明显。通过仔细的血液和尿液检查、脉搏的读数、疑似病人精神状态的评估，就可能发现疾病的证据。

面对绝症和毁容的可能性时，任何人感到压抑、焦虑和受害，都是合乎情理的，但这样的情绪似乎又反映了干枯、冷漠、忧郁的性质，有些中世纪医者将其描绘为"全身的癌症"。因此，评估疑似病患个体的心理甚至分析其梦境就成了惯例，而疑似病患的心理和梦境难免是晦暗的、令人不安的。彼时的人们还相信，由于糟糕的饮食、不良的环境、肮脏的生活条件、遗传因素、长期接触麻风病人，容易感染的个人就可能会得麻风病。于是，乔安娜就可能会被反复而详细地盘问生活方式方面的问题。

倘若她是个男人，更多有关性行为的私密问题就可能要揭示他与女人的关系，尤其和娼妓的关系，因为娼妓和麻风病人苟合，却似乎不受感染。人们相信，在有些情况下，麻风病可以通过性行为传播，这个观点必然会影响人们对麻风病的态度。不过重要的是强调指出，在所有的时代里，医者都被敦促要同情患者，要避免道德判断。

最后一个重要的问题是：首先指控乔安娜的那些人对麻风病究竟了解多少？从14世纪起，地方法院都要报告疑似麻风病患者，因为病人对社区健康构成风险。诚然，一个可预测的趋势肯定是存在的，那就是根据一些令人生疑的溃疡，挑选出那些不那么受欢迎的社会成员，但我们未必能假设，陪审团总是出于盲目的歧视和无知而投票的。

对保健和免于染病的信息需求与日俱增，通俗易懂的英语健康指南市场应运而生。基层的小官在履职的过程中掌握了基本的医学知识。不过，官员仍然倾向于关注范围狭窄的症状，合格的医者为此而非常沮丧，他们谋求的是确立更精确的诊断标准。

在这个方面，乔安娜·南丁格尔的案例使人洞见冉冉上升的医学专业不懈的奋斗，它要和不学无术、没有专业训练的庸者区隔开来。

扩展阅读：为何麻风病被视为羞耻

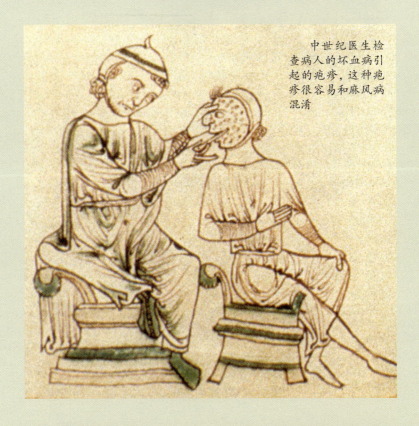

中世纪医生检查病人的坏血病引起的疱疹，这种疱疹很容易和麻风病混淆

现在，麻风病被称为汉森氏病（以1873年发现引起麻风病的分枝杆菌的挪威医生命名），在世界很多地方还很常见。它在20世纪40年代更名，是为了去除围绕"麻风"（leper）一词可怕的歧视，那种歧视很大程度上是19世纪和20世纪初兴起的，而不是中世纪发生的。

中世纪的人没有显微镜。在几百年的时间里，他们用各种方式界

《圣经》约伯故事一景，他患的病类似麻风病

定麻风病，其定义在变，用以界定麻风病的词语也在变。因此，我们不应该掉入陷阱，假设所有的或大多数的中世纪"麻风病人"所患的都是汉森氏病，虽然古病理学（遗骸研究）确认，许多所谓"麻风病人"的确是汉森氏病人。

中世纪的人为何混淆不同的病人，原因是很容易看清的，因为《圣经》里所说的"麻风病人"所患的疾病是sāra'ath，其所指包含了许多良性的皮肤病。《圣经》翻译成拉丁文的lepra，其所指同样是许多界定不明的皮肤病，包括湿疹、牛皮癣和疥疮，lepra似乎是最贴近的匹配词而已。在中世纪，leper所指的是任何皮肤溃疡或毁伤。

在11世纪和12世纪，阿拉伯文的医学文献抵达南欧时，翻译者面对一个更大的问题，他们不得不为judhām这样的绝症寻找一个对等词，其毁灭性症状被古希腊人称为象皮病，或许那样的命名更贴近我们今天麻风病的概念吧。

那时的南欧人错误地选用了一个"大口袋"似的lepra来翻译jud-hầm，而lepra逐渐获得了专一而可怕的"麻风病"的意义。不过，在许多年的时间里，两个定义共存，但第二个绝症的意义逐渐取代了第一个意义。为乔安娜·南丁格尔诊断的名医常常引用穆斯林的医典，他清楚明白地追寻穆斯林医典列举的症状。其他医生就不如他们那样学识渊博。

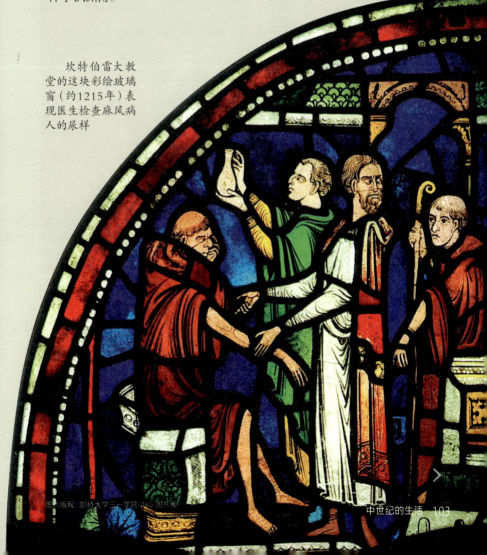

坎特伯雷大教堂的这块彩绘玻璃窗（约1215年）表现医生检查麻风病人的尿样

这幅14世纪的插图显示，法国外科大夫乔利亚克正在诊断麻风病

卡罗尔·罗克利夫，是东安格利亚大学的中世纪史教授。

发现更多书

▶《中世纪英格兰的麻风病》（*Leprosy in Medieval England*）卡罗尔·罗克利夫著，Boydell & Brewer 2009。

▶《前现代医学里的麻风病：全身有恙》（*Leprosy in Premodern Medicine: A Malady of the Whole Body*），卢克·德梅特（Luke Demaitre）著，Johns Hopkins University Press, 2007。

用历史标准来衡量，今天的伦敦是清洁的城市，污水通过下水道排出，生活垃圾被收集起来处理，大多数人每天淋浴。但那绝对不是中世纪伦敦的情况。丹·斯诺（Dan Snow）揭秘中世纪伦敦最肮脏的恶臭。

——丹·斯诺与乔纳森·赖特（Jonathan Wright）交谈

第三节
历史钩沉：
伦敦臭气熏天

丹·斯诺清理一个垃圾坑，此所谓"务农"。

> "鉴于当时的富人用香水，我们假设贫民区又脏又臭，看来是公平的。"

居民

城里的人绝对是恶臭满身的。他们不常盥洗，常常只有一套衣服，很少有什么个人卫生的概念；每到夏天，他们都热得难受，汗流浃背。

唯一用于洗涤的水取自泰晤士河。我们知道，淘粪工一定会到河里去洗身子。当然，泰晤士河也是藏污纳垢的容器。我们认为，人们会避免冬天下河洗浴。从10世纪到13世纪的温暖期以后，气候变冷，泰晤士河有时会冰封几个星期，下河沐浴机会少之又少。我觉得天冷时你大概也会避免在泰晤士河沐浴吧。

鉴于富人大量使用香水，我认为，有些贫民区，那些过分拥挤的居住区又脏又臭的假设是公平合理的，部分原因就在居民自身。尽管如此，我们获取到的信息是，人们的确把沐浴视为柔弱的表现。洗身子根本就不是常例——和我们许多人每天都必须沐浴刚好是完全相反的。

厕所

富裕家庭在后院里建有自用的厕所，显然这些厕所要靠淘粪工清理。其他的厕所是小区共用的，一个名叫理查德的淘粪工就淹死在这样的粪池里（大约在1326年）。

淘粪工的工资不菲。他们夜间来淘粪，用人力车拉走人粪。没有办法完全控制恶臭，但他们掏空粪池，尽力控制它。你可以想象，每遇倾盆大雨，粪池都会灌满，粪水流到街上，与街上的污秽合流。

多亏《巡回审判案例汇编》（*Books of Assizes*）里收录的邻里抱怨，

> "倾盆大雨后，粪池灌满，粪水流到街上，与街上的污秽合流。"

简易的上釉夜壶在17世纪是常用品

我们今天知道，两个狡猾的管道工修建的厕所临街伸出，洒下粪水。我们还读到一则记录，一个女人把粪水倾倒进排水沟。邻居抱怨说，每当下雨天，排水沟就堵满她的排泄物。

街道

下水道和街道实际上无法区分。不存在什么排污系统；一些路边有排水的小水沟，街道中央开挖了水沟，上置略高于路面的拱形盖。

街道是受纳一切污秽的容器。夜壶马桶直接往里倒。沟里横陈着被屠宰动物的内脏、死猫、死狗。理发师兼外科庸医一心一意给人搞放血治疗，他们放出的人血也在街上流走。现在我们知道，夏天不下雨时，街上的垃圾堆积如山。

彼时的街道太令人作呕，人们不得不穿上木套鞋，木套鞋套在平常的鞋子上，是为木屐，十分有效，垫高人脚，使之不沾染地上的人粪尿和污秽。

木套鞋的词根patt的意思是动物的蹄子。实际上不列颠鞋匠的行会至今仍然名为"木套鞋崇拜商行"（Worshipful Company of Pattenmakers）。他们为我做了一双，我尝试着在鱼内脏、牛粪、污泥之类的堆积物里走几步，挺好玩的。

泰晤士河并非有益健康的渔场。

泰晤士河

基本上，泰晤士河是污水、液态废弃物排放出城的唯一手段。泰晤士河是伦敦人获取饮水的水源，也是他们倾倒垃圾的出路。难怪鱼儿会死——河水绝对肮脏不堪了。

屠夫不吃屠宰割下的内脏，用手推车将其倾倒进泰晤士河，倾倒的泊位特别长，伸入河流中部水深处，以便让流速最快的中流把内脏冲走。人的尸体也在河里漂浮相撞。

市长迪克·惠廷顿（Dick Whittington）在泰晤士河上建了公厕，公厕用木柱支撑，悬空，如厕人直接把大小便排泄到河里。这一举措被视为排放人类排泄物的便利方式。

伦敦之于巴黎的优势至少是河水潮汐的浪头高，所以相对新鲜的潮水一日两次涌进伦敦，相当于一个巨型的冲洗系统。巴黎的塞纳河没有潮汐——很平静、平缓，所以，彼时的塞纳河绝对是肮脏的。

污水、垃圾甚至腐尸污染泰晤士河

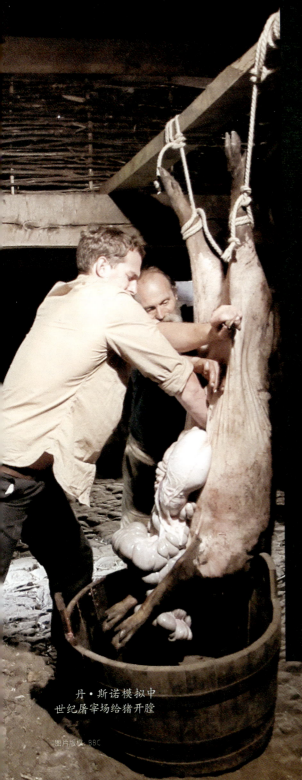

丹·斯诺模拟中
世纪屠宰场给猪开膛

皮革厂

　　制革是很重要的手工艺，它把动物的毛皮制成皮革，而皮革是极为有用的。我体验了这个鞣制的过程，全程都闻到一股陈腐味。

　　每一个阶段都产生大量的废物。浸泡毛皮的第一步会有碱液流出。鞣制皮革要用人尿和狗屎。你必须要用大刀把皮下脂肪剥离，把残存的脂肪刮干净。那基本上是废物。

　　制革过程绝对让人恶心，散发恶臭，有时产生非常危险的化合物——它们会烫伤你的口腔。行政当局试图规范制革业和屠宰场配置的地方。随着中世纪时间的流逝，政府进一步尝试规范伦敦。比如，伦敦城就只有三个地方允许开办屠宰场。

　　我参与宰杀一头猪，看看要产出多少废弃物。情况使人相当不快。我们掏出一个装满尿水的膀胱，如何对付这样的废弃物，你做不了什么。

丹·斯诺是史学家和播客主。

中世纪的生活　109

E nfuere aleient chascu

M estier lor en est 1 besoin

M out lor couient agenrel[?]

2 1 filz le roi furent ploze

2 nior qui furent enterre

r Apns fuient 1 enselor[?]

Bien dimi m cedit la

把死者带出来

　　在这幅14世纪的威尼斯微型画中，黑死病的病亡者被抬出一座建筑。在画的右边，人们正在挖掘坟墓，而尸体和财产似乎在大火中燃烧。

　　黑死病摧毁了中世纪世界的社区，据信至少夺走三分之一的人口。

第四节
中世纪时期的八大威胁：
从饥荒到难产

凯瑟琳·奥尔森（Katharine Olson）揭示中世纪人面对的八大威胁——从饥荒和致命疾病到狩猎事故和街头斗殴。

一、恶劣天气

持续的恶劣天气可能影响庄稼的播种和生长，多雨偏冷的夏季可能毁坏谷物——谷物是大多数不列颠人的主食。这引起粮食短缺和通货膨胀，导致饥饿、疾病和比较高的死亡率。从1300年起，浮冰群扩张；到1550年，冰川已在全世界扩张，人们遭遇多雨阴冷的天气。因此，中世纪人渴望确保有利的天气情况。

一幅12世纪的插图显示一个西多会的修士收割谷物。

在中世纪的欧洲，耕地、播种和收割都举行仪式，人们祈祷、念咒、游行，以求风调雨顺、人丁兴旺。据信，圣徒能防霜冻（圣塞维斯），能防风（圣克莱门特），能求雨防旱（圣伊莱亚斯/圣以利亚）。

木刻显示1492年西班
牙驱逐犹太人

二、异端思想

与基督教会教义相悖的人被视为异端。在英格兰，反犹太主义导致12世纪晚期约克郡和伦敦对犹太人的屠杀。1290年，爱德华一世驱逐一切犹太人——直到17世纪，犹太人才被允许回到英格兰。

在其他地方，犹太人1492年被驱逐出西班牙，穆斯林改宗基督教后才能留在西班牙。基督教对"异教徒"发动圣战。阿尔比十字军1209年攻击清洁派（主要居住地为法国南部），随即发生了13世纪和14世纪的大屠杀。

三、饥荒

天气恶劣、庄稼歉收后，活下来的人勉强度日，仅靠微薄的配给：大麦、浆果、劣质燕麦、发霉的小麦。营养不良导致许多体弱者染病，流行病继之而起。1315—1322年，西欧遭遇严冬，以及连续150天下大雨。歉收的庄稼常常霉烂，或极其昂贵，主食面包稀缺。至少10%的英格兰人死于这场"大饥荒"。

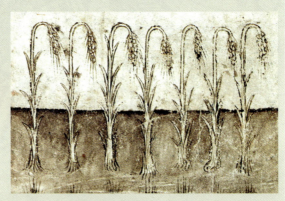

长期大雨可能会引起歉收和饥荒

四、童年

学者们估计，大约20%～30%的儿童在7岁之前夭亡，他们特别容易营养不良、患病——天花、百日咳、麻疹、结核、瘟疫、感冒、肠胃炎。生在富贵之家也不能保证长寿。在1330—1479年间，英格兰贵族之家有1/3的儿童不到5岁就夭折了。

五、分娩

臀先露的分娩可能使母子命悬一线。难产可能持续几天，有些产妇死于衰竭。剖腹产罕见，除非产妇已死或垂死——而且剖腹产并非总是成功的。接生婆（多半没接受过正规训练）为产妇接生，婴儿降生有死亡危险时紧急为其洗礼。新妈妈可能死于产褥症和并发症。1537年，亨利八世的第三位王后简·西摩（Jane Seymour）产下未来的爱德华六世后不久就死去了。

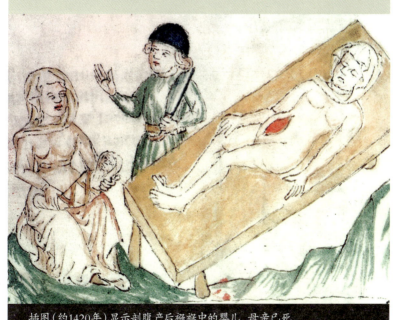

插图（约1420年）显示剖腹产后襁褓中的婴儿，母亲已死

六、暴力

无论目击者、受害者或犯罪人，从身居社会最高位到最低位的人都体会到，暴力是日常生活里无所不在的危险。

城市和乡间的动荡都可能导致大规模的起义，比如，1323—1328年佛兰德斯的农民起义，以及1384年英格兰的农民起义。历史记录显示，强奸、攻击和谋杀都屡见不鲜，误伤人命也不罕见。比如，1288年，在威尔士的蒙哥马利城堡，莫德·弗拉斯（Maud Fras）就被落石击中头部致死。

一幅14世纪的插图显示头部中箭后流血的伤情

几代人的血海深仇相当常见，家庭暴力也常见。土地、金钱等问题上的地方争端或地区争端有可能导致流血冲突。用搏命战斗（决斗至死）断案也时有发生。在威尔士，政治或王朝的竞争者可能会被对手致盲、杀害或阉割，贵族为了巩固自己地位而诉诸暴力。

七、狩猎

狩猎是王室和贵族重要的消遣。比如，征服者威廉（William the Conqueror，诺曼底王朝威廉一世）就圈定王室御用森林，以便在此尽情狩猎。但狩猎不无风险。

猎手可能会意外受伤甚至被杀死。他可能坠马、中箭，可能被鹿角、猪牙刺伤，亦可能被熊袭击。

连君主都不能免于狩猎的危险。拜占庭皇帝巴西尔一世（Basil I）886年身亡，显然是因为他的皮带被鹿角挂住了；据说，他被拖行了15英里（约24公里），才被解脱。

1100年，威廉二世［威廉·鲁弗斯（William Rufus）］在新森林（New Forest）中箭，死于意外事故，广为人知。与之类似，耶路撒冷国王富尔克五世（Fulk）在阿卡狩猎时意外坠亡，他的坐骑马失前蹄，他的头被马鞍砸中。

狩猎是非常危险的活计——这幅14世纪的插图显示威廉二世之死就是明证

八、夭亡

猝死或夭亡在中世纪司空见惯。成人死于多种原因，包括瘟疫、肺结核、营养不良、饥荒、战乱、汗热病和各种感染。

大多数人都英年早逝，死亡率不同则基于多种因素，比如，地位、财富、区位（城区死亡率比较高），可能还有性别。然而，财富不能担保长寿，吃得好的修士未必就像有些农夫那样长寿。

在1330—1479年间，英格兰公爵家族的预期寿命是，男性平均24岁，女性平均33岁。在佛罗伦萨，15世纪20年代晚期，非宗教人士是男性28.5岁，女性29.5岁。

凯瑟琳·奥尔森博士，专攻中世纪和早期近代历史，任讲师，在班戈大学（Bangor University）执教。

在中世纪,被抛弃的村落和小镇大约有3000个。克里斯托弗·戴尔（Christopher Dyer）探访8个相关的遗址,以发现它们被抛弃的原因,比如出走。

第五节　消亡的村落

位于威尔士克莱威达的哈福德遗址（Hafod y Nant Criafolen in Clwyd），绿草如茵。据信，在15世纪和16世纪，牧民夏季在此居留，17世纪初放弃了这个牧场，不再回头。

数以千计的村落在中世纪消失

>

即使经济萧条时，我们也预计城镇和村落会扩张。毕竟，新房地产是现代生活的一部分。看见城里的危房和乡间破损的农舍，难免感到沮丧甚至震惊。

然而，在过往的千百年里，残垣断壁的建筑、野草铺地的街巷和无人居住的房舍随处可见。我们不妨把故事回溯到公元4世纪和5世纪罗马城市与别墅，他们如今业已凋零残破；也不妨回溯益格鲁–撒克逊时期为取代罗马城市与别墅而建设的农场，它们被废弃了。

本文集中讨论数以千计的村落和几个小镇，它们在1300年左右被遗弃，直至近代，不过，它们还是在现代风景里留下了自己的踪迹。其中的许多遗址还可以回访。

在1100年前后，在英格兰中部、东北和南部，在苏格兰东部和威尔士南部，乡间聚落形成，每个聚落约有12~50个房舍。但在不列颠的其他地区，大多数人仍然居住在小茅屋或分散的农舍。

在大片的空旷田野里，谷物的栽培使村落兴旺，村落的规模增大，直到1300年前后。14世纪时，人口减少，村落陷入困境。这就意味着，对谷物的需求减少，粮食只能低价售出。农夫试图调整农事，养更多牛羊；如此，相邻的农户因放牧的草地而起纠纷，问题反而加剧了。结果，有些家庭外迁，继承者就没有接过父母的土地所有权。有时，天平完全向放牧地权倾斜，种庄稼的农夫无地可种了。

如此，从1380年到16世纪初，许多村落被遗弃，或大大缩小了。有时，问题生于内部，野心勃勃的农户接过邻居的农田，把数以百计的羊群驱赶到公用地上去放牧，外来人感到泄气，就不敢迁进来了。

这样的发展势头使社区邻里争吵不休、烦躁不安，甚至使社区注定破败。有时，领主或其代理人（比如管理领主田地的农户）扼杀了村子；他们扩张自己的牛羊群，迫使佃户迁走，或收购村子里的全部土地。许多情况下，村落被荒废一段时间后，地主把曾经繁盛的农耕区的残迹清除干净，目的是要在遗址上放牧，靠羊毛和羊肉获利。

外迁的问题，土地集中在少数人手里的问题，领主追求更高利润的问题，困扰着乡间小村，直到17世纪。到18世纪，村落受到另一个源头的攻击：富丽堂皇豪宅的主人。人们常常指责乡绅拆除了村落，他们新建观光园，"糟蹋乡村美景"。然而，当景观改造时，他们拆除的村子往往已是衰败的。

村落并不是从乡间美景消失的唯一聚落，农舍和农庄也被抛弃——只是出于别的原因。高地的农舍因恶劣天气而凋敝；放牧业重组、牧场永久驻留后，经营牧场的农舍不再是必需的了。

偶尔，连较大的城镇都归于历史陈迹了。萨福克的敦威治被洪水卷走；另一些城镇被战火摧毁。不过，这种情况发生时，通常还有一些潜在的经济问题，比如，贸易的变迁，大型的聚落因此而被削弱，它们禁不住环境和政治意外事故的打击。

瘟疫、天气和战乱都被指认为摧毁英格兰村落的原因——却常常缺乏有说服力的理由。有人宣称，气候变化、地力耗尽使土地不宜栖居，但只有在极端环境比如高沼地里，这两种因素才可能是决定性的因素；疾病不太可能让村子里的人死光。许多1450年被废弃的村子在1380年时还很兴旺——1380年距黑死病暴发已有30年。战乱造成的损失也罕有不能修复者。

那么，被废弃的村子还有什么遗存吗？偶尔，残垣断壁成为遗址的标志。一般来说，坍塌的废墟是城堡、宅邸或教堂的遗存，是村子里唯一的石头结构。典型的农舍可能留下一堵石头的矮墙，农舍的结构主要是木材骨架、抹灰墙体和茅草屋顶；村子被废弃时，搬迁的村民任其坍塌，或者将其拆解后搬到新居地再用。

然而，并非一切都损失殆尽。通常，房屋的遗存仍然可见，只是荒草遮蔽房基或平台而已。有时能看见小道与街巷，这些痕迹略微下沉，宅基地的边界有时以河岸和沟渠为标记。

一个村落一旦消亡，原来的领主常常在原址或附近修建一幢豪宅。在豪宅周围的田野里，有时你能辨认出荒草遮蔽的河岸、小道的凹痕、隐约的花圃和水文地貌，那是村落原址花园的遗存。如果仔细察看，你可能会看到观景的小丘（访客由此看昔日的花园），还可能会看到枕头般的小土堆，那是人造的兔子窝。

克里斯托弗·戴尔，莱斯特大学的荣休教授，编辑《重访荒芜的村庄》（ *Deserted Villages Revisited* ），University of Hertfordshire Press, 2010。

① 贝雷纳格河谷，克卢伊德郡（Brenig Vally，Clwyd）

② 格利盖尔公地，格拉摩根郡（Gelligaer Common，Glamorgan）

③ 戈德威克，提特夏尔教区，诺福克郡(Godwick，Titteshall parish,Norfolk)

④ 夸伦顿村，白金汉郡(Quarrendon，Buckinghamshire)

⑤ 杭德图尔村，德文郡(Hound Tor Devon)

⑥ 新温切尔西港，萨塞克斯郡(New Winchelsea，Sussex)

⑦ 格伦诺卡村，南拉纳克郡(Glenochar，South Lanarkshire)

⑧ 沃拉姆珀西村，北约克郡(Wharram Percy，North Yorkshire)

一、威尔士克卢伊德郡的贝雷纳格遗址

牧民男女在夏季的牧场栖居

● cpat.org.uk/projects/longer/histland/hiraeth/mhsettle.htm

贝雷纳格河谷是夏季牧民的居所

我们不知道这个聚落的原来的名字，它现在名为Hafod y Nant Criafolen。其中的Hafod意为夏季的居所，牧民夏季离开永久性住所到这个河谷来放牧。原址位于牧场边缘，含6间牧民房，围栏不规整。从这些住房里出土的器物显示，15世纪和16世纪有人在此居住，同时，还解释了这个夏季牧场的烟火气。锭盘用来压住纺纱杆，以便把毛线织成布料。不过，女人的主要任务是挤牛奶和羊奶，制作黄油和奶酪。从出土的马掌和马镫看，男人在小丘间骑马放牧。17世纪农业重组时，这个夏季居所大概就被放弃了。稍后爱尔兰的信息源告诉我们，青年男女在河谷放牧时，摆脱了生活习惯的约束，颇为愉悦。贝雷纳格遗址出土的器物有一柄剑的残片和一支手枪，使人想起，偏远山丘地带的生活是不太安全的。

二、威尔士格拉摩根郡的格利盖尔公地

农夫在梯级的小丘山坡上放牧牛羊

这片开阔的荒野海拔400米，周围是南威尔士煤田工业化和后工业化的景观。6间13世纪的房屋一字排开，位于其边缘，俯瞰巴格得–拉姆尼小河流淌的河谷。

每间房都修建在相对平坦的台基上，缓坡稍高一侧挖出的泥土堆砌在稍低的一侧。每间房长约5～20米，石砌的墙基不高，房子用木材框架。20世纪30年代发掘其中几座房屋时，地面的中央发现了炉床。

那么，这是个永久性的聚落吗？这里发现了金属加工的遗迹，说明它不只是一个夏季的营帐，但它最可能的用途还是季节性居所。

1300年后不久，这些房屋已被废弃，从这里和周边出土的陶片来判断是这样的。原因则可能是恶化的气候，也许是这里的农民穷困得难以为继了。1314年反叛卡尔菲利城堡的英格兰领主失败以后，他们被迫缴纳巨额的罚金。http://bit.ly/1BPk8a1

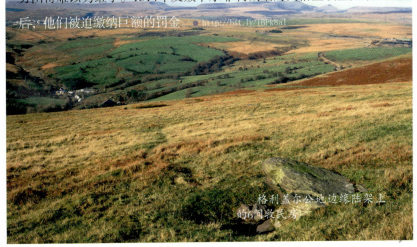

格利盖尔公地边缘陆架上
的6间牧民房

三、诺福克郡提特夏尔教区的戈德威克村
东安格利亚村教堂的尖塔仍然耸立

这个遗址的显著特征是提特夏尔教区教堂尖塔的遗存，1600年教堂倾倒不久后曾经过修葺。一条修长下凹的路穿过村子，河岸和沟渠划出几个小块，房舍散布其间。这些土坯房保存完好，在诺福克郡并不常见，主要是因为许多遗存已经在现代农耕中被夷平了。

修长的街道显示拉长的平面图。这种一条街的村子既修建于东安格利，也修建于英国其他地方。另一个反复出现的特征是围绕房舍的早期近代的庭院遗存，残留着一条下凹的小径，几块长方形的围栏依稀可见。这些遗存反映了村子消失以后富裕地主留下的影响。

戈德威克一直是个小地方；1086年的英国土地志记录的农户是14家，1334年，村子缴纳少量税款，1525年这个村子不复存在时，这里只剩下5户纳税的人家。

☎01362 869282

● heritage.norfolk.gov.uk

戈德威克村教堂塔尖遗存，1525年时，全村只剩下5户人家纳税

本页图片版权，属AHMW网站尼克·褔格

四、白金汉郡的夸伦顿村

两个村子在这里相会

夸伦顿坐落在白金汉郡的低洼黏土地上，适合放牧和农耕。农夫在空旷的田野里种庄稼，这是他们谋生的主要手段。在某些方面，这是英格兰中部地区荒芜村庄的典型特征。夸伦顿比较大，1330年，至少有300村民60间房舍紧密聚集在一起。

不寻常的是，这个村子实际上包含两个定居点，彼此的间隔达0.25英里（约402米），在现代的草原上，房舍的遗存依稀可见。不规则的外形说明，村子不是刻意设计的。道路（如今的标记是下凹的小径）在中心交会，中心地带也许是一块小的绿地，周围有集结的平台、小的围栏或院落。房舍由木材和抹灰墙体搭建，石砌的墙基不高。石建的教堂残件位于两个房舍集群之间，依稀可见。

1350年后农户减少，到16世纪农户数目快速下降，1563年只剩下4户。村里的土地被一个姓李（Lee）的人家收购，买下土地的屠夫成为有商业头脑的乡绅。他们修建的宅邸庭院讲究，占据两个村子之间的空间。

遗址西侧可见围场，那是村子被遗弃后养牛的地方。东边的遗存是枕头般的小土堆：那是人造的兔子窝，休闲生活的象征。农耕的村落换了风景，刻意设计来满足贵族享受和过有威望的生活了。

夸伦顿的圣彼得教堂遗址

● buckinghamshireconserva-tiontrust.co.uk

五、德文郡的杭德图尔村

达特姆尔的荒原变为栽种谷物田地——曾经有一段时间

达特姆尔（Dartmoor）的山坡上欧洲蕨丛生，11座建筑的花岗岩地基犹存，分别是房舍、谷仓和带窑炉的面包房，依稀可辨。

这个村子始建于1000年前后，起初是夏季牧场。13世纪有了永久性职业的房舍，有院子和庭院。居民开垦了部分荒地——犁耕的痕迹仍然可见。

房基保存完好，门道和内隔墙犹存，厅房（吃饭和社交的房间）和卧室（睡觉和储物的房间）仍然可见。有人曾认为，这个村子在11世纪初被遗弃，可能是因为气候恶化。如今人们认为，这里的农户是14世纪晚期离开的，那是在黑死病之后，不是因为瘟疫杀人离开，而是利用河谷里人口减少的条件，迁移到河谷里更宜居的地方。

☎ 0117 9750 700
● english-heritage.org.uk

杭德图尔的房舍、谷仓
和面包房的花岗岩断墙

六、萨塞克斯郡的新温切尔西港

海水淹没了旧港口，继后的新港也废弃了
● winchelsea.com

英吉利海峡在萨塞克斯/肯特边界那一段海岸不稳定，旧温切尔西港在1283—1288年间被海侵摧毁，爱德华一世建了一座新城去安置旧港的人口。他有条不紊地办事，收购了伊汉姆（Iham）村的土地，修建了棋盘格子样的街道，直角相交，然后才为宅基地测线。

旧温切尔西港曾经是规模不小的镇子，继后的新港口拥有802块配给的土地，足以容纳5000人。它从事酒类贸易、渔业，从萨塞克斯郡的威尔德进口木材，但遭到法国人入侵，后来，港湾淤积，海水退走。

今日之访客能看见城门和部分城墙。教堂曾经很大，后缩小，教堂周围有住宅遗存。这些建筑压在昔日商家住宅的房基上，中世纪地窖犹存。旧城南面和西面的大部分地方已沦为田野，通向新城门的步道是昔日的小径，下凹，两侧的房基清晰可见，石墙瓦顶。

中世纪新温切尔西保存完好

格伦诺卡出土了
辅币、烟斗的陶片

七、南拉纳克郡的格伦诺卡村

一个边境小村被遗弃的重重迷雾

　　这个17世纪的遗址有一处房基，这幢房子是苏格兰边境的居住防卫两用房，遗址是一个"农耕小镇"，村民在这里种庄稼。两层楼的房子防御英格兰北部或苏格兰其他地方小股人员的入侵。底楼常养牛，家人住二楼。

　　盖房子的人相当富足，能建相当体面的住宅，有值得保护的财产。这幢两层楼房的周围还有6间一层楼的房子。房子的一端住人，另一端养牛羊。房子后面有一个小院，农夫在附近种庄稼牧牛羊。他们并非一贫如洗，出土的器物——辅币、烟斗的陶片——表明，他们和外界有联系。1700年后不久，这个村子被遗弃了，但我们不知道原因何在。

- biggararchaeology.org.uk/rp_bastlehouse.shtml

八、北约克郡的沃拉姆珀西村

教堂和村子一道成长，后倾塌

沃拉姆珀西也许是英格兰最著名的荒废村落，这里的考古发掘进行了40年。映入造访者眼帘的首先是被废弃的教堂，坐落在陡峭的河岸，附近是维多利亚时代遗存的小茅屋和一个池塘。19世纪时只剩下一间农舍，这里的农田曾养活40户农家。

河谷的台地上是成排的长方形房基，合共40间，有些墙基依稀可见。大宅和农舍的残垣断壁也依稀可见，下凹的小径、边缘的河岸和小块的农地亦可辨识。

村子显然是事先规划好的，因为成排的房舍设计规整，设计者可能是庄园主——什么时间设计的呢？大概是在10世纪，也可

一座毁坏的教堂欢迎游人探访英格兰最著名的荒芜村落

WHARRAM

一块搪瓷的名牌镌刻着一个村落的名字，其根基可追溯到10世纪

能晚至12世纪吧。

1280年，大约40家农户耕种18英亩土地，种大麦和小麦，庄稼地延伸到白垩土的荒原。这个社群遭受苏格兰人的袭扰，经历饥荒、疾病和经济困难，14世纪时人口减半。到1500年，这里只剩下4个较大的农场，在接下来的半个世纪里，这些农场变成了单一的放牧地。

教堂反映村子的历史。教堂建于10世纪，有所扩大，直至1300年，然后失去了其间的过道，在继后的200年里规模缩小。

发掘揭示的房舍有低矮的白垩墙，墙体支撑木质房架和茅草屋顶。从单调的陶片看，13世纪和14世纪时，村民拥有的物品种类不多，教堂墓地里的骸骨揭示饥饿、疾病和高死亡率。一幢1500年左右的大宅子的主人可能很贪婪，他鲸吞邻居的土地，相当富有，可以烧煤，用德国石制的酒罐喝酒。

☎ 0370 3331 181
● english-heritage.org.uk

15世纪青楼图。卖淫是伦敦生活重要部分，就像祈祷和忏悔一样平常

第六节
罪恶之城

伦敦街头遍布流莺、盗贼和杀手

偷窃、卖淫、贿赂和谋杀——你若有意寻找五味杂陈的犯罪行为，14世纪伦敦就是你发现的罪恶之城。布鲁斯·霍尔辛格（Bruce Holsinger）穿行中世纪英国首都的穷街陋巷。

绞死的窃贼。
证据显示，严刑重罚
未能震慑中世纪伦
敦犯罪行为

1337年1月6日晚，从剑桥南下的动物剥皮工约翰·勒·怀特（John le Whyte）闯进圣劳伦斯犹太教堂（St Lawrence Jewry）附近的珠宝店杰弗里·蓬提（Geoffrey Punte），这家店铺在圣劳伦斯街的拐角处，离市政厅不远。怀特盗走的商品有金银戒指、珠宝、手串和手镯——斩获可观，总价值100先令。

这家店铺对怀特的诉状保存在爱德华三世时代的一本信件誊录簿里，这些商品"夜间被盗，性质恶劣"，罪行遭到严惩。怀特被绞死，他是那个时期因偷窃罪这种较轻微的罪行被处以极刑的案犯之一。

中世纪英格兰对罪犯的打击从重从快，但频繁的死刑在14世纪的伦敦不是很成功的震慑手段，就像今天得克萨斯州的情况一样。偷窃、卖淫、贿赂、谋杀和兴旺的黑市使中世纪城市的小偷小摸行为横行，锋利的刀片用到出神入化，扒窃口袋鬼神不觉。

在这个方面，中世纪晚期的伦敦与现代都市电视连续剧《头号疑犯》（Prime Suspect）和《火线》（The Wire）的场景有许多共同之处，超过我们的预期。就像教徒常常要受命禁食、忏悔一样，伦敦市民嫖娼、割钱包、贿赂小法院、把尸体扔进下水道，那也司空见惯。

由于20多年来城市历史学家耐心的档案工作，中世纪伦敦罪犯的黑社会逐渐清晰聚焦，让我们瞥见黑社会如何形塑和影响许多人的生活。

"中世纪伦敦"不是一个城，而是三个城，了解这一点至关重要。城市生活（及城市犯罪）的性质很大程度上是由城墙之外的两个郊区塑造的——而两个郊区大体上又不受伦敦管辖。伦敦—萨瑟克（Southwark）—威斯敏斯特三角城市生活的界定性要素常常引起法律、自由、规章和小管辖权的冲突，在多样的市民构成中，互相竞争的利益和所属关系会加剧诸如此类的冲突。

一、犯罪的地理分布

同样可以说，犯罪的地理分布也很重要。请考虑萨瑟克这个南岸区，彼时的南岸是莎士比亚环球剧院（Globe Theatre）之乡；萨瑟克大教堂和温彻斯特宫也坐落于此，温彻斯特宫的遗址在旅游热门的叮当街有迹可循。乍一看，温彻斯特主教住所的地点似乎暗示，主教的监督足以抵挡任何罪恶。实际上，正是在主教的自由管辖区，伦敦市最热闹的妓院在中世纪的很长一段时间里都聚集在这里。

主教本人就是管理有效的东家（常常在议会开会期间关闭妓院，以免妨碍观瞻）。在现存的法庭诉讼记录中，有些妓院的恩主常常被确认为牧师、僧侣和修士，无疑这并非偶然的。教会及其道德教诲很难成为防范轻微罪过的保证。

虽然有一系列的规定，试图把卖淫业限制在南岸，缩小其吸引力，但卖淫业还是很兴旺。在弗灵顿路小区一个"共用女"（common women）常常光顾的地方很兴旺，"共用女"乃时兴的雅号；掩映在齐普赛街、圣潘卡斯教堂和索珀巷之间的一个小区也很兴旺，那是性犯罪臭名昭著的地方。

性交易兴旺的证据可见于委婉的街巷别号："摸阴巷"（Gropecunt Lane）、"爆裙巷"（Popkirtle Lane），两条背街小巷，北起圣潘卡斯教堂，横切齐普赛街，对面是劳伦斯街的织物商大楼（Mercers' Hall）。

露丝·卡拉斯（Ruth Karras，美国历史学者）发现另一个这样的红灯区。论及中世纪英格兰的卖淫业时，她宣称，在王后（Queenhithe）区一家客栈背后，有一个"私密地"，这是"盗贼理想的藏身地……许多罪恶的交易在此达成，许多娼妓和鸨母在此栖身休闲，达成虚假的契约"。

二、男扮女装的性交易

也许，中世纪伦敦罪恶留存下来的最吸引人的文件是市长法庭审判约翰·雷克纳（John Rykener）的记录。他是男扮女装的娼妓，既当牛郎，又嫖娼妓，在14世纪30年代和40年代的牛津和伦敦"工作"。他着女装在"会馆"出没。出庭受审时，他说出许多男人的名字，包括相当多的牧师和教士、几位方济各会的修士、加尔默罗会修士、三位牛津大学的学者，他"以女儿身"卖淫。他还说出几个女人——有夫之妇和修女，他"以男儿身"与她们性交。

雷克纳证实，他从一位名叫"安娜"的女人那里得到"难以启齿"的培训，"安娜"是托马斯·布朗特（Thomas Blount）勋爵手下一个仆人的娼妓。这位勋爵可能就是1399年积极参加反亨利四世的"主显日起义"（Epiphany Rising）的勋爵，他次年被处以极刑，令人恐惧。

14世纪和15世纪的伦敦人深知自己所栖居的罪恶之城的奥妙，常

犯罪现场分布图

从跛子门到齐普赛街，地图显示中世纪伦敦犯罪热点（地图地名对照表见本书第224—225页）

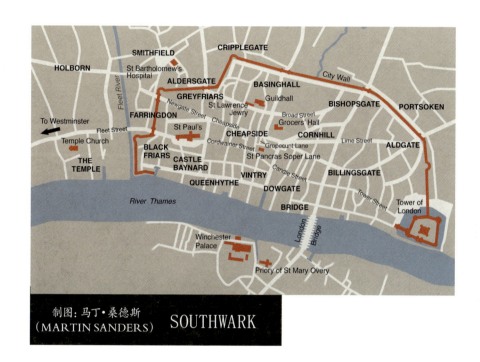

常把特定的地点与某些犯罪倾向联系在一起。在《伦敦缺钱》（*London Lickpenny*）这个讽刺小品里，一个肯特郡男人在康希尔（Cornhill）街区游荡，发现"有很多被偷来的装备"。他找回"自己在威斯敏斯特人群里被盗贼劫走的风帽"，但那个盗贼在街上叫卖他的帽子时，他没有钱去把帽子赎回。

城里的商人和手工艺人是被怀疑、泄愤和起诉的对象，尤其商家偷工减料被认为是威胁到民众的健康和安全时。1345年7月，四个屠夫售卖的肉被强制没收，价值超过9先令，他们的罪名是摆卖的货品堵塞了街道。

马镫行会对自己成员夜间的行为肯定很担心。该行会中世纪的条文声称，在夜间，有些成员在产品里参杂"劣质铁，有裂缝的铁"，在"劣质铜上镀优质铜"欺骗人。他们终日游荡，"不干手艺活"；只有在"醉酒疯狂时"，这些恶棍才打铁。

相对醉酒和游荡，在犯罪频谱的另一端是袭击和谋杀，重罪在伦敦城并不罕见。伦敦城市历史学家估计，在14世纪前半叶，伦敦每个月有两个人死于酒后斗殴，斗殴未死的人笃定被绞死。

有些谋杀案特别臭名昭著。史学家香农·麦克谢夫里（Shannon McSheffrey）国王法庭的起诉书里发现，中世纪晚期一件令人恐怖的谋杀案。伊丽莎白·泰勒（Elizabeth Taillour）和艾丽丝·罗尔夫（Alice Rolff）两位缫丝工埋伏等候同行竞争对手伊丽莎白·诺利斯（Elizabeth Knollys）。她们抓住被害人，将其淹死在水桶里，然后毁尸灭迹，剩余的残骸被扔进粪坑。

谋杀案据记录发生在9月12日，但验尸直到11月初才进行，这说明，烧焦的尸体几个星期内并没有被发现。泰勒认罪，罗尔夫"称怀孕求宽谅"（英格兰法律规定，孕妇有时能求死缓），但妇女陪审团很快就予以否决。两个女人都被绞死了。

既然这样肮脏的行为构成经常性的威胁，伦敦当局如何维持秩序，防止过多罪恶的发生呢？伦敦城的执法机制多种多样，它调动议员、警察和其他官员，还动员市民自愿参加夜巡。

这幅中世纪插图显示，几个人正在砍死一个受害者，另有一些人在下十五子棋。在14世纪的伦敦，每个月有两个人死于酒后斗殴

三、老酒鬼

市长要各区呈交本地酒鬼、民事犯和名声不好女人的名单。同时，凡是重要的地标都有人高声宣讲王室和民事公告，宣布新的敕令或强化治安的规定——这些声音提醒大家市政府为维持治安所做的不懈努力。

在伦敦各区，这样的职责落在基层小官的肩上。他们起初的任务是监管街道的清扫。到14世纪，他们肩负的首要职责是清理区里的混混，包括妓女、小偷和大盗。基层官吏及其助手常常偕同守更人宵禁后夜巡，兜捕不守规矩的人并将其监禁——关进专门禁闭公共秩序违反者的拘留所或监狱里。

但市政府难以成为法治的灯塔。在14世纪80年代，尼古拉斯·布雷姆勃（Nicholas Brembre）和约翰·诺桑普顿（John Northampton）两届市长展开激烈的竞争（见本书第141页"扩展阅读"），那是市政争斗和腐败最严重的时期。几届的市长选举都是靠武力胜出的，谋杀者招摇过市，没有被起诉。市政条令和执法规定是要控制犯罪，但它们只能使今天的我们朦朦胧胧地了解到刑事犯罪的实际情况。

对禁令和实际情况的差距，没有人比诗人约翰·高尔（John Gower）有更痛彻的了解。他是杰弗里·乔叟（Geoffrey Chaucer）的朋友和对手。14世纪晚期，他住在伦敦南岸的圣玛丽奥弗里修道院（Priory of St Mary Overy）。

高尔在他的诗歌里罕有提及伦敦城及其南岸，但他的诗集却是城市罪恶的总览和全目，地方特色鲜明。在《人类之镜》（*Mirour de l' Omme*）里，他写道："你看见邻居在市场上卖母鸡，同样，你看见鸨母出售处女，讨价还价，让她们当浪子的姘头。"

贿赂、谋杀、偷窃、抢劫，一切都在诗人的笔下被细察——大大小小惩罚的公正性也受到细察。高尔冷冷地写道："抢劫犯该绞死，我们读《圣经》知道。"

世俗和宗教领袖的道德虚伪一定程度上界定了这样一个城市。在这里，高尔想象和讥讽的笔力在道德妥协里取乐；正是这样的妥协使下流社会成为暴力和罪恶的世界，诗人用舌尖品尝这浓郁的味道，给人的感觉奇妙而古怪。

布鲁斯·霍辛格，弗吉尼亚大学英语教授。他的第一部历史小说名为《可阅后即焚的小说》（*A Burnable Book*），HarperCollins, 2014。故事发生在1385年的伦敦，主人公是诗人约翰·高尔。

发现更多书

▶《中世纪晚期的伦敦》（*London in the Later Middle Ages*），卡罗琳·巴伦（Caroline Barron）著，OUP, 2005。

▶《共用女》（*Common Women: Prostitution and Sexuality in Medieval England*），露丝·卡拉斯著，OUP, 1998。

▶《中世纪晚期伦敦的偏常行为与权力》（*Deviance and Power in Late Medieval London*），弗兰克·雷克斯罗特（Frank Rexroth）著，Cambridge, 2007。

扩展阅读：伦敦的卑劣人

从为女儿拉皮条的女人到被控犯诱拐罪的文学巨匠，14世纪触犯法律的四个人。

1. 背信弃义的鸟贩

威廉·弗特（William Fot）是一个鸟贩，在舰队街出售18只"腐臭的鸽子"，欺诈，市民恶心。四个伦敦厨子应召去检测他卖的鸽子肉。判决是：鸽子肉不适合出售或消费，弗特被送上绞架，腐臭的鸽子肉被点燃，熏他的鼻子。

2. 杀人的市长

尼古拉斯·布雷姆勃是食物储销行会会长，铁腕无情，1377年任伦敦市长，1383—1385年再任市长。他确保两次当选的手腕包括暴力甚至谋杀。他命令手下恶棍攻击竞选对手那一帮人。布雷姆勃是理查德二世狂热的党徒。1388年，在"接任贵族"（Lords Appellant）的煽动下，布雷姆勃被以叛国罪的罪名斩首。"接任贵族"是一群谋求限制国王暴政的贵族。

3. 荷兰人鸨母

荷兰女人凯瑟琳（Katherine）被控为自己的女儿拉皮条——伦敦妓女的司法记录里常见的指控，令人吃惊。女儿不愿上门服务一个嫖客（被确认为伦巴第人）时，就遭她毒打。名字没有记录在案的女儿最终为一个名叫"约翰"的意大利人生下一个孩子。

4. 疑为强奸犯的诗人

杰弗雷·乔叟是诗人、海关官员、治安法官——或许还是强奸犯。1380年，大法官法庭撤销先前塞西莉·乔姆帕恩（Cecily Chaumpaign）对乔叟诱拐和强奸的指控，宣判他无罪，并当庭释放。案子是在庭外和解的，乔叟支付了10英镑，一大笔钱；法庭的文书强烈暗示他的性侵犯行为，但归档的案卷对此做了模糊处理。

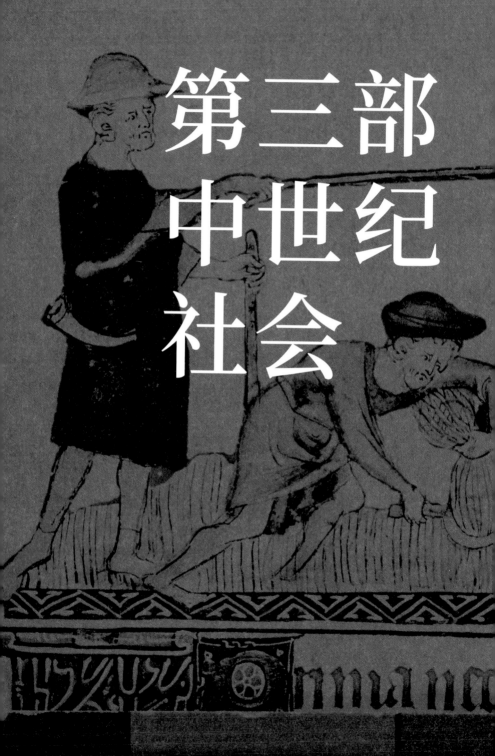

第三部
中世纪
社会

治理中世纪的阶级、宗教、性别和法律的规则看似异乎寻常,实际上对今天的我们而言,在有些方面它们却令人吃惊地似曾相识。

第一节 对宗教的怀疑：宿命观念抑或冷漠心态

对《启示录》末日审判生动的描绘，有力地提醒人们记住虔诚生活的重要性。但所有中世纪人都真信上帝吗？约翰·H.阿诺德（John.H Arnold）考察中世纪人对宗教信仰的不同态度。

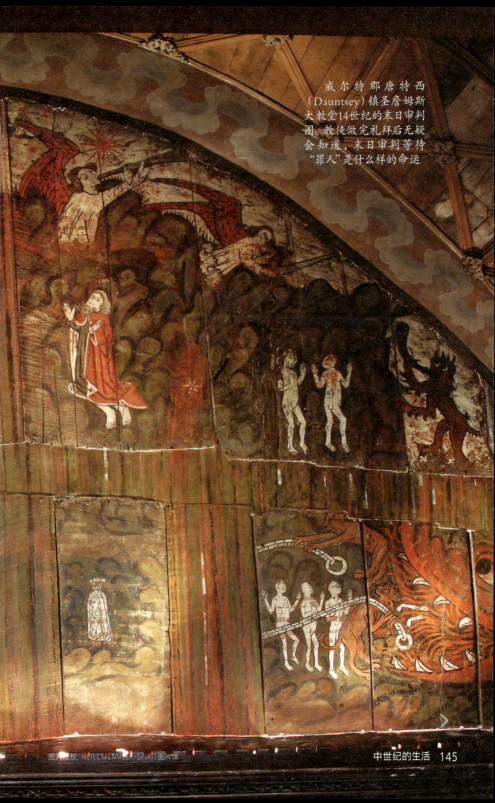

威尔特郡唐特西（Dauntsey）镇圣詹姆斯大教堂14世纪的末日审判图。教徒做完礼拜后无疑会知道，末日审判等待"罪人"是什么样的命运

"历史学家能找到相当多的证据，说明中世纪怀疑、怀疑论甚至无神论的存在。"

绝罚一景，让·安德烈（Jean Andre）画局部。对有些不接受圣餐礼的人而言，被驱逐出教会尚不足以起到阻吓的作用

中世纪有时被称为"信仰的时代"，彼时的教会拥有很大的权力，教徒虔诚奉献和忏悔。据信，宗教渗透到生活的各个方面。对民众而言，信仰就是毋庸置疑、服服帖帖的信仰。但真是这样吗？

从以下这首16世纪的小诗，你可能真会这样想：

智慧者吃惊，天性者不解：

少女是圣母，上帝是男人

——怎么可能？

抛开你的问题吧，相信那是奇迹，

因为力量产生控制，理性随之下沉。

赞美主！

这首小诗写中世纪天主教的核心神秘现象，采自伦敦市政官理查德·希尔（Richard Hill）的摘记簿（Commonplace Book）。小诗呼应许多教会此前对俗人的教海。13世纪法国的教士被告知，他们"应该随时告诉俗众，不要为信条寻求理性（reason），也不要为圣事寻求理性"。影响最大的一本牧师手册《教士之眼》（Oculus sacerdotis）出自英格兰教士帕古拉的威廉（William of Pagula）。他坚称，面包因圣事变成基督身体是奇迹，不容辩论——"尤其不容俗众辩论"。在其他教士的手册和诗歌里，也有不容讨论和询问的告诫。

但中世纪人人都信上帝吗？理性总是如小诗所指令的那样，不容置疑地受制于"力量"和"控制"吗？显然，犹太人信仰另一种上帝（或更确切地说，以不同方式信奉的上帝）。显然还有各种教派，它们也信上帝，是不同形式的基督教；过去三十年许多论中世纪宗教的著作显示，正统的非教士虔诚有活力，可独立于教会。理查德·希尔没有神职，却认为编辑含宗教诗歌的小书是恰当的，这一事实本身就显示，一些个人的行为和奉献很有力道，反映了他们的虔诚。然而，除了这些形形色色的信仰，我们还是有充足的理由质疑，是否所有中世纪人都始终是虔诚的。

实际上，历史学家能找到相当多的证据，说明中世纪存在怀疑、怀疑论甚至无神论。事实上，我们已经在上文接触到这样的材料。除了其核心的信息，希尔的记事簿明确指出，有人基于"智慧"和"理性"去"询问"教条。说到圣餐礼时，《教士之眼》承认，圣餐饼还是像普通的面包。帕古拉的威廉解释说，这是因为信仰依靠的不只是人的感觉——这是十足的神学观。不过他觉得，这未必有充足的说服力。他再提出三条实际的理由，教士可以借此说服本区教徒：面包不是被当作基督的血肉来体验，不会使人感到"恐惧"，所以"异教徒"并不讥讽基督徒，因为人们并不"习惯于吃流血的肉"。

许多中世纪晚期的文本说到圣餐礼时总是展现类似的紧张元素。许多布道词里有这样一个故事，说的是普遍的怀疑如何转化为信仰。一位家庭主妇在教皇格列高利主持的弥撒礼领圣餐。教皇用拉丁语说："这是我主耶稣基督的圣体。"她大笑。问她何故时，她回答说："因为我听说，我手烤的面包是主的圣体！"她的话音刚落，面包就变成了手指头。眼见这一奇迹，妇人和在场的其他人都恢复了他们的信仰。诸如此类的故事旨在加强正统的信仰。

同样，许多圣徒生活的故事集也讲述使人信教的奇迹，但许多时候，奇迹的施予是对他们以前怀疑态度的惩罚。比如，一个意大利的卢卡人就长期讥讽圣女纪达（Saint Zita）的伟力，纪达是当地的一个女仆，死于13世纪。这个意大利人说，纪达的遗骸每次放屁时，都生下一枚蛋。每当他看见一个颤颤巍巍的人被扶到圣坛时，他都要叫扶助者把人扔到地上。每当他听到奇迹时，"宣告奇迹的铃声响起，他总要说讥讽话"。于是，他受到惩罚，而他就表示忏悔。问题是：还有多少像他那样的人没有得到超自然力的报应，反而继续说风凉话呢？神惩罚怀疑者的故事使人坚定信仰——但在这样的过程中，却也容许了怀疑的可能性。

天使称量灵魂图。里多尔
福·迪·阿尔波·瓜里恩托(Ri-
dolfo di Arpo Guariento)作, 约
1348—1354年, 反映教会执着
于灵魂的命运。不过, 我们中世
纪的前人并非全部信来世

不上教堂

更多直接的证据也可以得到验证。在中世纪晚期，主教应该巡视主教辖区：在辖区所属每一个教区，他都应该向一群教徒询问教会、教士和邻居的情况。他听取到的案例大多数是有伤风化的行为。

但同样普遍的是不上教堂或类似的不顺应教规的行为——在英格兰中世纪晚期记录的抱怨中，不上教堂、不合教规的行为占了10%～30%。

15世纪镀银圣杯，赫里福德郡（Herefordshire）圣彼得和保罗修道院藏品。圣餐礼是中世纪怀疑论的焦点

在礼拜天或宗教节日，人人都应该上教堂做弥撒、避劳作——但并不是人人都服从的。对各种各样的人而言，实际或商务的事情优先。在林肯教区，据报有人捕鱼打猎，他们本应该上教堂的——这可能是休闲活动，也可能是食谱和收入的重要补充。这几乎就是艾丽西娅·凯尔苏尔（Alicia Kelsull）所做的事情，她"捉螃蟹、采坚果"，而不是去做弥撒。

在诺福克郡，鞋匠约翰和威廉·布雷恩夫妇没有上教堂，因为他们要到临近的教区去卖鞋。约翰·奥斯丁（John Austyn）、罗伯特·卡特（Robert Carter）和威廉·赫本（William Hebburn）的妻子开小酒店，所以有时不能做弥撒。我们还发现，有些人礼拜天去酒店而不是上教堂。许多轮巡视的报告显示，许多人在安息日工作（但这是否意味着没有上教堂，并不总是清楚的）。

有些人缺席宗教仪式可能是不得已，或激烈竞争中的优先选项，而不是缺乏上教堂的兴趣。1408年，索尔兹伯里主教辖区的约翰·乔伊斯（John Joys）据报诋毁他本地的牧师，一年难得一次教堂。威斯贝奇总铎区报告，托马斯·布拉维耶维奇（Thomas Bluwyk）不经常上教堂，"一旦上教堂，他总是说个没完"，他的两个邻居也发出类似的报告。

诺里奇主教区的小威廉·赫尔韦尔（William Herwer Junior）赖床迟迟不起。林肯主教区的教友们注意到，西蒙·唐纳比（Simon Downaby）1519年不上教堂，他们认为，他"信仰不坚定"。有人报告，布伦汉姆的约翰·英格利耶（John Inglie of Blunham）"在主的圣体升天时，太不尊重主的圣体，而是埋头傻笑"。大概类似的例子还有15世纪库姆堡的理查德·莱林斯顿（Richard Lyllyngston），主教问他时，他承认"有人布道宣讲圣言时，我却在酒店喝酒"。

拒绝圣餐

最后这一例取自对罗拉德派（Lollardy）的审问记录，这个英格兰中世纪晚期教派的异端思想建立在约翰·威克利夫（John Wyclif）神学的基础上。威克利大神学不接受圣餐礼。也许以上这几例的人就是罗拉德派的教徒，他们坚守有别于怀疑论者的信仰。

然而我们还看见，其他欧洲国家也有许多类似的情况。14世纪初，法国南部蒙陶班（Montauban）的主教哀叹，许多人礼拜天不做弥撒；法国塞里西（Cérisy）主教的寻访记录也有一些例子支持他的抱怨。一个例子显示信仰和好斗怀疑论的有趣混合：桑森·沃蒂尔（Sanson Vautier）不领圣餐有七年之久；他说，如果他怀着好的心意吃面包，他自己的祝福面包就和圣餐礼一样好。而且他还说，他不怕被逐出教会，"他自己做工"就会得到拯救。

从巴塞罗那1303年主教辖区的寻访记录，我们听见这样的声音："佩德罗·德·因苏拉（Pedro de Insula）不上教堂已有10年，教友也不见他的母亲妻子上教堂，节假日除外"，而且"几乎所有的教徒都不常去教堂，教堂做弥撒时，他们在街上玩耍，亵渎上帝"。在法国、西班牙和意大利的其他地方也可以发现类似的抱怨。实际上在意大利托斯卡纳区的普拉托（Prato），对14世纪商家的详细研究发现，礼拜天很少有商家关门，虽然本地的教士和团体三令五申反对礼拜天劳作。

不做弥撒，不见证主以面包和酒的形式在地上存在的奇迹，这就给这些人的信仰打了一个大大的问号。通常我们只能猜想如何解读这样的缺席。凡是能找到表明动机的言论时，我们都发现这些言论含有对宗教仪式和财务收费的敌视。即使在英国，这样的议论也超越了罗拉德教派的态度。

但进一步的证据显示，整个欧洲都有人抱持明显的怀疑主义的观点。法国南部的一位主教在13世纪70年代一本篇幅不短的神学著作里，反驳"灵魂与肉体同朽"等观点。灵魂与肉体同朽的观点可能与不久前重新发现的亚里士多德哲学有关，那是西欧通过阿拉伯学问"重新发现的"。

但灵魂死朽的信仰还见于亚里士多德著作被翻译自欧洲文字之前，亦见于远离学术著作的社会背景里。在11世纪初，名为梅茨的阿尔伯特（Alpert of Metz）的编年史家记录了小酒馆里的一席话，一位酒客说："人的灵魂什么都不是，最后一口气时，灵魂随风而逝。"

在以后的几百年里，多明我会的传道者讲述类似的故事。布道时，他们哀叹俗人不信教。比萨的乔达诺（Giordano da Pisa）说："今天有许多人不相信来世，也不相信来世更好，因为他们不相信，现世之后自己还会生存。"

否定上帝存在的傻瓜，取自一本礼拜书的插图，约1350年

　　这些故事是布道人杜撰的，旨在震醒教徒，使之投身更积极的信仰吗？这可能是他们的意图吧，但他们的布道词讲述了一种无信仰的现象，他们期待听者识别这样的情况。此外，你还能发现一些人直接表达不信上帝的例子。1492年，托马斯·泰勒（Thomas Tailour）被判要悔罪赎罪，他承认"曾宣示，一个人身躯死亡时，灵魂也随之死去；蜡烛被扔掉时要熄灭，被吹时要熄灭，在摇晃中要熄灭，同样，肉体之死要扑灭灵魂"。他不是唯一这样说的人。

大约与此同时，一位叫里斯维克的赫尔曼（Hermann of Ryswick）的日耳曼人受到谴责，因为他布道说，身体死亡时，灵魂也死去。一个世纪前，法国南部奥诺拉克一个叫吉尔梅特·贝内特（Guillemette Benet of Ornolac）的女人几次对邻居说，灵魂不过是血液或者风。贝内特通过两次亲身经历得出这个结论。第一个经历是，她不小心撞破鼻子，发觉因此引起流鼻血。第二个经历是，她仔细观察一个朋友的孩子垂死的情景，她要看看在死亡那一刻，是否有什么东西离开婴儿的嘴巴。看见婴儿的气只出不进，她就相信，这就是灵魂的全部，既没有天堂，也没有地狱，亦没有来生。

"我向上帝发誓，根本没有灵魂"

一教区的其他几个人也证实有类似的怀疑言论。在中世纪晚期的西班牙，宗教裁判所调查改宗者（皈依基督教的犹太人）时发现，有些信仰既不是犹太教，也不是基督教："除了生死，要有一个善良的女朋友，有丰盛的美食，再也没有其他东西""我向上帝发誓，灵魂是没有的""我向上帝发誓，地狱天堂这样的说教只不过是吓唬我们的东西，就像人们对孩子说，'妖怪要抓你'"。

也许，以上例子里的几个人只不过是极少数；也许，不上教堂的证据，俗人抱怀疑态度，对教会事务不关心的现象，都应该分开来解读。无疑，绝大多数中世纪基督徒是活跃的信教人，很虔诚——即使未必是毫无疑问的顺从者。的确，有些人或多或少有叛逆的思想，不过他们没有进入历史的视野，因为他们从未被人发现。法国南部的雷蒙·德·艾尔（Raymond de l' Aire）向宗教裁判员承认，他不相信灵魂并认为，没有上帝，没有圣母玛利亚，没有基督，圣餐礼仅仅是面包，别无其他，不会有耶稣的复活。毫不奇怪，他认为，教士在弥撒仪式时言行举止没有价值。不过在一定程度上，他还是顺从规范的。他说他进行施舍，不是因为他相信这对灵魂有益，"仅仅是为了在邻里中赢得好的名声"。有多少人上教堂时坐在他身旁却从来不说出自己的怀疑呢？

约翰·H.阿诺德，剑桥大学国王学院中世纪历史教授，著有《欧洲中世纪的信仰与不信仰研究》（*Belief and Unbelief in Medieval Europe*），Bloomsbury, 2005。

发现更多书

▶《中世纪时代的理性与社会》（*Reason and Society in the Middle Ages*），亚历山大·默里（Alexander Murray）著，Oxford University Press, 1985。

▶《中世纪人的心态与中世纪的怀疑主义》（*Social Mentalities and the Case of Medieval Scepticism*），苏珊·雷诺兹（Susan Reynolds）著，《英国王室历史学会会刊》第六系列（*Transactions of the Royal Historical Society, six series*），vol 1, pp21 - 41, CUP, 1991。

▶《中世纪晚期西班牙的宗教信仰与怀疑：索利亚地区研究，约1450—1500》（*Religious Faith and Doubt in Late Medieval Spain: Soria c1450 - 1500*），约翰·爱德华兹（John Edwards）著，《过去与现在》（*Past and Present*），vol 120, no 1, pp3 - 25, Oxford Journals, 1988。

网站

▶看理查德·希尔《摘记簿》的扫描版MS 354，藏牛津大学早期手稿收藏部。本书所引小诗在对开页159（左）(p340) http://image.ox.ac.uk。

参访

▶圣詹姆斯大教堂复原的《世界末日》壁画，威尔特郡唐特西镇，*dauntseychurch.co.uk*。

本节目的播客

▶圣约翰·阿诺德在博客上介绍信仰，historyextra.com/medieval-life。

扩展阅读：教士们信教吗?

教士处在教会与俗众接触的前线，但他们并非总是称职。教会的访问记录显示，有牧师纳妾养私生子，洗礼葬礼收费，偶尔还泄露教徒的忏悔。

有些教士削发主要是为了获取教育机会，并追求行政生涯。主教痛斥教士赌博，逛酒馆，过俗人的生活。但无薪俸的教士不得不为稻粱谋，有些教士的人生观更接近穷困的俗人，而不是主教。

当然，有些教士丢失了天命甚至信仰。在13世纪的法国南部，一个名为阿诺·莫拉纳（Arnaud Morlana）的教士被人举报给宗教裁判员，他公开怀疑圣餐仪式，质疑《圣经》的有效性。

几十年后，另一位法国教士皮埃尔·克莱格（Pierre Clergue）既和清洁派教徒交友，又对天主教徒友好。他对勾引女人更感兴趣，而不是坚守专一的信仰。

不过，中世纪的教区牧师被人刻板化，有点不公平。16世纪的宗教改革者突显教士的失职，忽视了他们为教区谋利益的贡献。其他证据显而易见，许多教士为教区信徒辛勤工作，花时间进行社会管理和精神管理，竭尽所能为教徒提供基督教信仰的框架。毫无疑问，他们是信教的。

中世纪教士最著名的画像之一——《坎特伯雷故事集》里的修女牧师

唐特西镇大教堂的末日审判图，下地狱的人被扔进地狱之口，旨在向教徒灌输恐惧

扩展阅读：唐特西镇大教堂的末日审判图

唐特西镇大教堂的末日审判图是中世纪信仰、罪恶、天堂和地狱观念的反应，令人难忘

　　唐特西镇大教堂的末日审判图（本书第144—145页全图）显示，被拯救的人由圣

末日审判图修复以后，供现代参观者欣赏

彼得（该图左上）引进天堂，下地狱的人被扔进地狱之口（该图右下）。该图表现末日审判，提醒中世纪人，他们现世的选择影响自己的灵魂。末日审判绘画在中世纪的教堂里很常见，是宗教改革前教堂的普遍特征，但现存不多。这幅图在威尔特郡唐特西镇圣詹姆斯大教堂，作于14世纪晚期，宽四米，布满祭台屏风到天花板的空间。

这幅末日审判图让罪人充满恐惧，同时又能安抚虔诚的信徒，提醒教徒注意，救赎是可能的。唐特西的末日审判图在20世纪90年代被剥离下来，经过长时间呕心沥血的修复，如今又可以再次在原位供人们观赏了。

扩展阅读: 培养信仰

中世纪的俗人接受基督教信仰有多种方式。所有的教士都应该在礼拜日布道，讲灵魂的方方面面，在每年的几个重要节点上揭示信仰的核心教义。比如，优秀的牧师要利用生动难忘的故事即"典范"来显示布道的内容。各种"典范"故事集在欧洲各地都有许多手抄本流传至今。

艺术也是传递信仰的重要方式。中世纪的教会装饰华彩、烛照明亮，壁画描绘基督教叙事的场面，装点宗教雕像，饰以圣徒画像。无所不在的形象是最简单、最有力的十字架，面包上、墙上甚至家具上都有十字架。

到中世纪晚期，有些俗人有了一个清楚的角色，他们有个人祈祷用的手抄本；这些书名为"时辰读本"（books of Hours），含祷告词和虔诚的插图。理查德·希尔的"时辰读本"含有菜谱和医生建议，不过它首先是宗教散文诗歌集。这样的书可以个人独处时阅读，也许是家庭常备书，用来向家人和仆人朗读。

　　家庭教育大概是最重要的通向信仰的道路。父母和祖父母被嘱咐要向儿童传授基本的宗教知识，通常有关"我主天父"、圣母颂和信经的知识——但我们对家庭里发生的情况所知不多。

12世纪类似温彻斯特大教堂这类的壁画被视为传达信仰的重要工具

第二节　圣徒与罪人

探寻诉讼案里圣徒式干预的故事

在中世纪，圣徒现身拯救受审者生命的故事很多。约翰·哈德森（John Hudson）审视广泛流传的故事，它们支持圣徒和教会的伟力。

圣徒在奇迹里的表现在我们当今多半世俗化的世界里引起怀疑。但在中世纪，大多数人接受圣徒能干预日常生活的观念，包括现在由专家来维护的领域。最常见的奇迹是治病的奇迹，但圣徒还参与法律和司法领域的事物。

伊利（Ely）的主教赫维（Hervey）的一封信记录了1115年或1116年一件值得注意的事情。这件事和一个名为布里斯坦（Bricstan）的男子有关。他家住伊利主教的查特里斯村（Chatteris）。信里说，他小有资产，借钱给缺钱的邻居，不收利息。他"既不比其他好心人更好，也不比坏心人更坏"。他决定想在伊利修道院当修士，这所修道院是献给圣彼得（St Peter）和圣埃塞尔德丽达（St Etheldreda）的。但正如主教赫维这封信所详述的那样，国王亨利一世的一位官员……

更像魔鬼的仆人，长着吃人的狼牙，粉墨登场……他名叫罗伯特，诨名Malarteis，其拉丁语含义是"干坏事的人"……他不分青红皂白，只要能染指，他都指控每个人，竭尽全力加害每个人……即使找不到任何理由指责人，他也会编造谎言，他是谎言之父，通过潜入他身体的魔鬼说话。

他向修士们指称，布里斯坦是一个惯偷……

布里斯坦盗走了国王的金钱，埋藏起来，他想要逃避审判和惩罚，而不是要寻求任何其他形式救赎。他找到隐藏的财宝，悄悄盗走，成了高利贷主。

接到官员罗伯特的指令后，修士们拒不接纳布里斯坦。布利斯坦被传到王室法院出庭，由亨廷顿郡法院的法官拉尔夫·巴西特（Ralph

圣埃塞尔德丽达据说在中世纪的幻象里现身

Basset）审判。布利斯坦否认一切指控，控告者拿他的出庭取笑。他被判定有罪，带往伦敦，戴上镣铐，扔进黑牢，又冷又饿……

他悲痛满腔，高声呼号，呼唤圣本笃（St Benedict）。他一直在圣本笃的法规下生活，发誓要诚心诚意……他呼唤圣埃塞尔德丽达，在她的隐修院里发誓要诚心诚意生活。

一、圣徒的幻象

被禁锢几个月以后，布里斯坦继续不断祈祷，声音屡弱。一天晚上，在炫目的光辉中，圣本笃显灵；在哀求者布里斯坦眼里，他就像阿诺德·施瓦辛格。同时显灵的还有圣埃塞尔德丽达和圣塞克斯伯嘉（St Sexburga）。

圣本笃把手放在铁镣上，铁镣随之破碎；他轻轻解开铁镣，囚徒竟不知不觉；他砸开铁镣，似乎不用力量，而是用指令。圣本笃脱下铁镣，鄙夷不屑地随手一扔，击中横梁，地牢摇晃，屋顶开裂。

地牢上面房间里的狱卒正在酣睡，惊醒恐慌。他们害怕囚犯越狱，闻声赶来，却发现牢门完好，铁锁把门。打开门锁，进入地牢后，他们却发现镣铐不见踪影，囚犯是自由的。他们大惊失色，困惑不解。

二、神奇的缓刑

神奇的事情被向女王禀报了。女王派遣法官拉尔夫·巴西特去核查。结果他发现不存在巫术，遂意识到，奇迹已然发生，禁不住"欢呼雀跃，潸然泪下"，于是把布里斯坦带去觐见女王，拜见几位男爵。

布里斯坦的故事特别丰满，富有戏剧性，描绘了圣徒的干预（saintly intervention）。除此之外，这类故事并非不典型。这类故事显示人们对圣徒伟力的信仰。这样的信仰得到主教赫维的推进——诸如此类的宣传也许是有必要的：同样的教士们书写的故事也提到大不敬的俗人，比如，从圣奥尔德赫姆（St Aldhelm）的神龛路过时，有个人竟撅着屁股对着神龛放屁。

宗教信仰深刻介入中世纪司法审判，最显著的是神断法（trial by ordeal）。通过肉体上的测试，上帝揭示其审判。比如，让被告手捧烧红的铁块走几步，随后把他的手包起来，几天后查验。如果手没有伤痕，被告无罪；如果手有感染，被告有罪。在决斗裁判（trial by battle）中，被告和原告搏斗，胜负结果显示的是上帝的审判。以下是圣徒式干预的另一种机会。

圣本笃在这幅15世纪的画里向主献上灵魂

两个男人被裁定决斗，一个更高大强壮。他抓住弱者，将其高举过头，准备摔在地上。瘦小者悬在半空，举头祈祷："救我，神圣的殉道者托马斯。"他危险大，生死在顷刻间，所以他的祈祷短促。在场的目击者看到：强者仿佛被圣者的名字压垮，他手举弱者，身子却颓然倒地，他被战胜了。

就这样，神奇故事揭示了中世纪司法系统的某些主要特征。圣徒偏爱年轻人和弱小者，也许是要为缺乏强大的世俗保护者的人提供保护吧。比如，圣徒会防止不公不义，要在审判中或裁决前帮助被冤枉的被告。这样的圣徒干预可以被视为对司法程序缺陷的弥补，这些缺陷有：法庭偏向某一方的危险，强者在决斗裁判中打败弱者的问题，还有刑事案件中缺乏应对误判的例行化做法。

三、拯救忏悔者

圣徒式干预的观点可能有一点道理。然而，圣徒的神奇干预本身未必就能加强或矫正司法系统。人有罪却愿忏悔时，圣徒也可能干预。被判死刑却又忏悔的一个惯犯就向圣约翰求助。圣人适度干预后，镣铐随之落地，罪人手捧镣铐，将其献给圣约翰的圣坛。

这里我们也许要区分两种罪行观：一是比较世俗的观点，强调罪有应得的惩罚，二是强调被告精神状态的罪过。现代史学家可能要把圣徒式干预的奇迹与中世纪社会的运行联系起来，借以说明社会的运行，包括司法体系的运行。

约翰·哈德森教授，圣安德鲁斯大学（University of St Andrews）法律史教授、BBC历史系列的顾问。

发现更多书

▶《英国习惯法的形成》（*The Formation of the English Common Law*），约翰·哈德森著，Routledge，2017。

第三节
中世纪的旅游业：
朝觐和古文物
显示常见的旅游

保罗·欧菲尔德（Paul Oldfield）写道：新近的研究说明，中世纪旅游很普遍，存在于朝觐和古玩的世界里。

14世纪航海船。意大利沿海汹涌的波涛产生了许多神话

13世纪的《恺撒大帝传奇》（Roman de Jules Cesar）里描绘的游人。许多中世纪城镇瞄准游人，争夺游人

雅各布之旅，手稿插图，约1411年。在游人不绝的旅途两旁，医院和修道院鳞次栉比

铅合金朝觐徽章，1300—1400年，描绘圣托马斯·贝克特（St Thomas Becket）的圣堂

中世纪的游人

长期以来人们总觉得，中世纪欧洲停滞不前，非常拘束受限，大多数人罕有走动，不会游走于本地之外——即使走动，主要也是出于实用的原因。

最近几十年的研究很大程度上改写了这样的图景。中世纪很多人常常行走，长短距离都有。更有趣的是，有些人游走的动机甚至可以使人联想到当今的旅游业。如果调整自己对现代旅游业的理解，将其置入中世纪语境，我们就可以看到，许多中世纪人行走是为了自我更新，为了休闲，甚至是为了追求刺激；而且，中世纪有大量的"旅游"服务满足这样的活动。

首先，意大利南部和西西里地区特别生动地表明11世纪和12世纪欧洲"旅游"的现象。由于位居地中海中部，这个地区一直是人们行走和旅游潮的中枢地带。从11世纪后30年的情况看，这个地区开始吸引更多的访客，原因有三个。

第一，意大利和西西里是罗马人征服的，这个统一起来的地区曾经政治上分裂，像百衲衣，由小块的希腊基督徒、拉丁基督徒、犹太人和穆斯林聚居地组成。实际上，到1130年，诺曼人已经在地中海中部建立了一个强大的新王国，此前几百年间，它曾经是穆斯林海上霸权主导的地区。因此，诺曼人的新王国使基督徒的海运和游人都更安全、更自由了。

第二，多种因素合流促使国际朝觐走红。1095年十字军东征开始后不久，欧洲经历了朝觐游的黄金时代，朝觐者行走的路线多半是通过意大利南部和西西里去耶路撒冷。

第三，在12世纪，欧洲经历了文化复兴。有学问的人走到更远的地方去寻求知识，去揭示古典传统，去邂逅另类的体验。意大利南部和西

《圣史蒂芬朝觐图》（*Scenes from the Life of Saint Stephen: Pilgrims at the Saint's Tomb*）贝尔纳多·达迪（Bernardo Daddi）作，约1290—1350年

西里濡染于古典历史中，有着希腊和穆斯林的历史，所以它吸引了渴求古代学问和东方学问的游客。

这三种因素的结合使游人在这个地区合流——这些访客不是移民、征服者或生意人，而是正宗的游人——我们可以将其认定为游客。

朝觐也许最明显地代表着与现代旅游业对应的中世纪旅游。也许朝觐者不仅带有纯虔诚的动机，还可能身披政治经济议程，或者身负强制性的司法惩处。但无论动机如何，手执朝觐之杖就在理论上赋予他们共同的身份；朝觐者个人获得了一个新的身份，因朝觐某一圣地而打造的身份。

在朝觐的路途两端，朝觐者穿越异乡人的土地，他受到鼓励去模仿基督，体验挑战和困难，思考自己个人的救赎。实际上，在路过许多圣地时，他们都践行名曰"孵化"的动作，在圣徒墓旁逗留、露宿几天，以接受"治疗"或神启。在这个意义上，朝觐者基本上和许多现今的旅游者可有一比：他是体验型旅游者，沉浸在行走中，参与"脱瘾"式体验，不仅有身子的体验比如奢侈的矿泉浴，而且有灵魂的洗涤——就像现代人在旅途上的冥想式静养。

在中世纪中期，国际朝觐戏剧性地扩张，意大利南部在朝觐者的行游中扮演了关键的角色，成了一座桥梁，连接起基督教世界两个最大的圣地中心：罗马和耶路撒冷。

这座"桥梁"是一个地理现实。意大利南部拥有欧洲比较先进的旅游基础设施。它最接近昔日罗马帝国的心脏，仍然拥有几条运行良好的罗马大道——它们是中世纪的"机动车道"，它们接入维亚弗兰西吉纳（Via Francigena），这是从西欧跨越阿尔卑斯到罗马朝觐之路。一条取道阿庇安大道（Appia）和特雷亚纳大道（Traiana），穿越意大利南部的亚平宁山脉，到南部阿普利亚（Apulia）的海港；另一条取道波皮利亚大道（Via Popillia），蜿蜒穿过卡拉布里亚大区，把访客引向熙熙攘攘的西西里港口墨西拿（Messina）。同样是由于诺曼人的征服，这个地区提供了相对安全的海上游程。

意大利的南部港口拥有信息灵通的本地船队，和新兴的商业强市比如热那亚、比萨和威尼斯互相通商。

坚实的基础设施

可见，中世纪的朝觐活动能依靠安全、高效和直接的线路连接。同时，新医院、客栈、桥梁和修道院也在意大利南部的朝觐路上兴起，它们或在路边，或靠近外地朝觐者瞻仰的圣地。

在卡普亚（Capua）和贝内文托（Benevento）的交会处，在阿普利亚和西西里的港口（常设有朝觐者医院，医院属于军人——圣殿骑士和医院骑士——组成的隐修会），遍布着诸如此类的建筑，给旅行者提供住地和生活必需品。

遗憾的是，因为没有可靠的统计数据，我们不知道多少旅行者、朝觐者和十字军（三者常难以区分）穿行于这些道路，并从意大利南部的港口航行到中东的圣地。所以，我们不得不依靠间接的证据；这些证据可能说明，意大利南部是中世纪世界人来人往最多的地区。从所有旅游基础设施的建造，从彼时此地港口游人如织的记述，可以看到这样的证据。

一位评论第一次十字军东征的人注意到："许多人去布林迪西（Brindisi），奥特朗托（Otranto）接待另一些人，巴里港（Bari）的水域迎接更多的人。"西班牙的穆斯林旅行家伊本·朱巴伊尔（Ibn Jubayr）1184年穿越墨西拿，他笔下的热闹港口经调整后适合异邦人的旅行：这是"商务异教徒的市场，世界各地的商船在此汇聚；由于价格低廉，成群的旅行者摩肩接踵……市场熙攘喧嚣，丰富的商品足以保障奢侈的生活。在这座城里，你的日日夜夜都得到充分的安全保障"。

朝觐是身心净化的象征

后来到13世纪时，英格兰编年史家马修·帕里斯（Matthew Paris）绘制了一幅极好的条状地图，显示从伦敦到圣地行走路线两侧的情况。他标明阿普利亚和奥特朗托港是最佳的线路，用一系列符号和一只海船给读者标示走向。

异域的访客社会地位各异。大多数现存的著作聚焦精英旅行者——主要是国王、伯爵、主教，因为其地位和财富吸引人去评说。但最穷困的人也外出行走，尤其是朝觐。修道院的规定勾勒了修士的职责：免费招待旅行者。存世的许多报告显示，穷苦朝觐者参访过很遥远的圣地。

比如，意大利南部一个穷人就能朝拜圣墓和塔兰托的圣卡塔尔都斯（St Cataldus）圣地。他的盘缠主要是靠乞讨所得。圣地接待各种背景的人，这样的形象也是很好的广告。实际上，和今天的情况一样，吸引外邦人既令人满意，也有利可图，因为他们花钱购买当地的服务，通行费也有利可图。像今天的旅行社一样，许多意大利南部圣地的维护者把旅行者锁定为目标，争夺旅行者。

圣地的圣像满足朝觐者超验的心态，那样的形象呼应了救赎的主题，把基督的形象描绘为朝觐之旅。圣地还提供文字介绍，比如，在特拉尼的圣尼古拉斯（St Nicholas）圣殿前，为朝觐者提供的介绍说，圣墓中的圣人特别喜欢拯救朝觐者。

大约在1100年，贝内文托城发布一篇文告，试图把朝觐者从受欢迎的巴里城吸引过来。文章污蔑巴里城对外地游客并非殷勤好客，说巴里"无情、无水、无酒、无面包"。

但许多意大利南部的圣地不必提供这类"导游册"，因为它们已经在整个欧洲久负盛名。巴里的圣尼古拉斯、萨勒诺（Salerno）的圣马修、蒙特卡西诺（Monte Cassino）的圣本笃、蒙特卡加诺（Monte Gargano）的圣迈克游客如潮；无论朝觐者的最终目的地是哪里，这些圣地都给予重要的精神释放点。

救赎之路

毫不奇怪，意大利南部的诺曼统治者急于把自己打扮成朝觐者的保护人，他们发布法规支持朝觐。然而，朝觐者需要保护恰好又揭示了旅行的危险。抢劫、海难和疾病的威胁无处不在。12世纪20年代，意大利北部蒙特维金（Montevergine）的圣威廉中断了去耶路撒冷的朝觐之旅，他在

14世纪锡合金朝觐徽章，描绘圣母圣婴

阿普利亚被打劫了。难怪朝觐者常常要结伴而行。

许多朝觐者水土不服，他们苦苦应对中世纪旅行对人体的要求。许多人死于穿越意大利南部的路途中。一位撰写第一次十字军东征的编年史家看见，400位朝觐者溺死在布林迪西港。至少，朝觐而死给人救赎的希望——相当于中世纪的旅行保险。

意大利南部不仅是为朝觐者救赎提供后勤保障的桥梁，而且是一个比喻意义上的救赎之桥。上述潜在的危险实际上是旅行经验和吸引力的组成部分，许多朝觐者拥抱这样的体验。救赎需要受苦，在意大利南部和西西里的环境中，行人肯定需要吃苦。用现代人的话说，这个地区为寻求惊险刺激的人提供了绝好的户外冒险经历，不祥而鬼魅的风景中充满了超自然的、古典的和民间的传说，中世纪中期增多的旅游把这些传说传回西欧。

意大利南部风景的特征使人迷惑恐惧。附近的海域危险重重，繁忙的墨西拿海峡尤其危险，充满漩涡，潮激浪碎。在穆斯林旅行家伊

圣卡斯特伦斯（Saint Castrense）在风暴中拯救水手，西西里蒙雷阿莱大教堂12世纪的马赛克镶嵌画

本·朱巴伊尔的笔下，这里的海域像沸腾的大锅，他本人差点在这里死于海难，那是在12世纪80年代。

　　古典传说的许多鬼怪就定在这里，不足为奇。这些传说有：海怪卡律布狄斯（Charybdis）和斯库拉（Scylla），大漩涡，巨大的多头海狗。12世纪的评论人试图揭穿这些传说的真相，其中就有英格兰提尔伯里的杰维斯（Gervase of Tilbury）（杰维斯相信，漩涡是海底风卷起的）。但这样做的结果又显示，许多人相信这些传说是真的，对诸如此类的故事感兴趣。13世纪著名的赫里福德世界地图（Hereford Mappa Mundi）就非常生动地描绘了潜伏在西西里海域里的两头海怪。

爆炸性的文字材料

意大利南部还是地震活动的热点——就像今天的情况一样。中世纪时期，维苏威火山和埃特纳火山爆发过几次；地震是常见的现象，1169年的卡塔尼亚（Catania）地震据报死亡1.5万人。有些中世纪的评论人试图用自然和科学的框架分析火山爆发和地震，但许多人仍然认为，它们是凶兆，显示上帝的不悦。

由于一整套的神话，这个地区的火山通向地狱之门，因而具有更大的破坏力。中世纪人对维吉尔的兴趣与日俱增，其史诗《埃涅阿斯纪》（Aeneid）使人把维苏威火山与冥府之门联系起来，因为维吉尔笔下的英雄埃涅阿斯似乎就在这里发现它。英格兰的杰维斯写到，维苏威附近听见"哀嚎灵魂令人毛骨悚然的呐喊"，显然这冤魂是在地狱里被清洗。

中世纪评论人还用隐喻描述西西里为"炼狱的折磨"和"沸腾的大锅"。在12世纪，外交官布洛瓦的彼得（Peter of Blois）说，爱尔兰的山脉"是死亡和地狱之门，人被土地吞食，活人沉入地狱"。一个古怪、骗人的世界在12世纪的意大利南部以具体的样子突然出现——这是悬在天堂和地狱之间的世界，它一定会挑战中世纪访客的心理景观。

12世纪复苏的对古典过往的兴趣促成了意大利南部奇异、危险和吸引力的氛围，对访客产生影响。与海怪斯库拉和卡律布狄斯的长篇传说一道，我们还发现有关诗人维吉尔及其复活的传说，他那超自然力对那不勒斯的保护，据说他埋葬在那不勒斯。

杰维斯详细记录了其中一些传说：维吉尔保护那不勒斯免遭蛇的伤害；一个英格兰人在12世纪90年代用一本巫术书寻找到维吉尔的遗骨；维吉尔祝福路人的城门，他在这里祝福选择正确边门入城的人。

peus magnus fuit pharsalica acie uic
tus a cesare q cato exeratum pöpei dis
sum coadunauit munum q ipm exerci
tum plibiam ducens multos milites:
siu labore q spentam morsibz pdidit ue

dum ultm modum q
g nassidius spente
muit q totus rulexus
membza omnia hun
modum infaniem

大约在1170年，西班牙的犹太人旅行家图德拉的本杰明（Benjamin of Tudela）路过那不勒斯附近的波佐利（Pozzuoli），看见海边沉没的古城，惊叹道："我们还能看见城中央的市场和尖塔。"他还注意到波佐利著名的温泉浴，"伦巴第所有火山地震的受害者都曾在波佐利沐浴……在夏天"享受具有康复功能的温泉水。实际上，许多游客来此享受前沿的医学知识，享受阿拉伯和希腊学问的融合，在萨勒诺很好的医学院可学到这样的知识。

另一位12世纪的英格兰作家豪登的罗杰（Roger of Howden）著有一本导游书，该书的大事记也突出了意大利南部与本丢彼拉多（Pontius Pilate）相关的遗址，以及和维吉尔相关的遗址。13世纪伟大的雅克·维特里（Jacques de Vitry）抨击猎奇的游人。显然，我们这里提到的许多记述是为了满足好学的人，这部分人更可能造访意大利南部。

因此，中世纪旅行者表现出的特质似乎反映了现代人对旅游特质的某些理解，尤其是这样一种倾向：旅游要产生转化性的、有道德意义的

但丁和维吉尔、龙和海怪图（*Dante and Virgil, the Dragon and the Sea Monster*），选自但丁·阿利基耶里的《神曲》（*The Divine Comedy*）

经验和体会。当然，为避免明显的时代错乱，中世纪和现代的相似性必然是比较疏松的，我们对相隔几百年旅游体验诸多差异的解释也不是那么严密的。

然而，中世纪人的确经常旅行，有时甚至长距离旅行，他们偶然踏上陌生且富有挑战性的土地，但这些挑战和新经验常常本身就是被当作目的来追求的。意大利南部浓缩了这些倾向，并且为形形色色的旅行者提供了这样的经验。它开发了旅游和服务的基础设施，满足了人们精神上"排毒"的追求；满足了人们对远方的好奇，对精神营养的兴趣；还服务于追求身心考验的人们——意大利南部的火山、地震、诡异多变的海况、通向地府的入口使之接近于当今世界的主题公园。

对中世纪旅行者而言，救赎、生活经验的丰富和罚入地狱的惩罚全都集中在意大利南部了。这有助于使之成为一个诱人的出游热点。

保罗·欧菲尔德，曼彻斯特大学的中世纪历史讲师。

发现更多书

▶《意大利南部中世纪的神圣氛围与朝觐活动》（*Sanctity and Pilgrimage in Medieval Southern Italy, 1000—1200*）保罗·欧菲尔德著，Cambridge University Press，2014。

▶《朝觐时代：中世纪人通向上帝之路》（*The Age of Pilgrimage: The Medieval Journey to God*）乔纳森·桑普顿（Jonathan Sumption）著，Hidden Spring，2003。

▶《中世纪的游人》（*The Medieval Traveller*）诺伯特·欧勒（Norbert Ohler）著，卡罗琳·席勒（Caroline Hiller）译，Boydell Press，2010。

本节目的播客

▶保罗·欧菲尔德在我们的播客网站上介绍中世纪的旅行经验，historyextra.com/medieval-life。

扩展阅读：
其他中世纪旅游目的地

1. 圣地亚哥

圣地亚哥（Santiago de Compostela）拥有圣詹姆斯大教堂，成为中世纪中期最火的朝觐者目的地之一。在12世纪，这里出了一本《圣雅各比指南》（*Liber Sancti Jacobi*），为访客提供指引。旅游的体验还有所强化，因为沿途要经过法国西南部与史诗《罗兰之歌》（*Song of Roland*）有关的一些地方，还有翻越比利牛斯山脉的危险之旅。

2. 罗马

罗马吸引游客，他们对古典时期的兴趣复活，对教廷权力的增加感兴趣。游客惊叹罗马城的古遗址，因格雷戈里大师的《罗马奇迹》（*The Marvels of Rome*）之类的书而感到惊奇，那都是为满足游客的兴趣而发行的。罗马还拥有基督教世界领头的圣地，最著名的有圣彼得大教堂和圣保罗大教堂。

3. 耶路撒冷和圣地

耶路撒冷和圣地每年接待数以千计来自欧洲各地的朝觐者，尤其是在十字军运动期间，因为彼时的耶路撒冷由基督徒统治（1099—1187）。旅行者参观与基督和《圣经》有关系的所有重要遗址——耶路撒冷的圣墓不言而喻，还参观伯利恒和约旦河。耶路撒冷拥有若干大型的接待朝觐者的医院和客栈。

4. 君士坦丁堡

像罗马一样，君士坦丁堡是基督教文物最大的宝库之一，是拜占庭帝国的首都，丰饶的古老遗迹和学问使访客敬畏。越来越多的西欧人随十字军邂逅君士坦丁堡，有关它恢宏的市容、令人崇敬的圣殿、富丽堂皇的建筑的记述一点一滴地回流到西方。实际上，1204年的第四次十字军东征洗劫君士坦丁堡时，很大一部分宝藏被劫走并转运回欧洲了。

180

末日审判

这个细节来自卢卡·西尼奥雷利1499—1502年在奥维多大教堂圣布里吉奥礼拜堂绘制的壁画《被扔进地狱的被诅咒者》，显示人们受到永恒的惩罚。

男人和女人在痛苦中尖叫，因为他们被怪异的魔鬼折磨——惩罚他们在世上的罪恶。

这幅壁画是教堂中描绘末日审判的几幅壁画之一，被认为对米开朗琪罗后来在西斯廷教堂的作品产生了影响。

第四节　产业女王：黑死病后伦敦妇女经济的兴起

在黑死病过后的15年里，伦敦的人口锐减一半，妇女在伦敦享有新的经济权力。卡罗琳·巴伦（Caroline Barron）考问，那个时代是否真是英格兰妇女的"黄金时代"。

一、伦敦的人口锐减一半

1349年4月，黑死病横扫伦敦，玛蒂尔达·米姆斯（Mathilda de Myms）立下遗嘱。她的丈夫约翰已于上个月去世，让她继承公寓、监护女儿伊莎贝拉。但瘟疫继续摧毁首都伦敦。玛蒂尔达决定把自己的事情安排好。正如后来事态的发展那样，这无疑是明智之举。不久，她本人也被瘟疫击倒死去了。

约翰和玛蒂尔达的业务是制作宗教图像和绘画。玛蒂尔达的遗嘱安排学徒威廉继续跟随伯蒙西修道院的一位修士接受培训，把用得着的工具送给他，连带一个最好的工具柜一同遗赠。玛蒂尔达的啤酒厂被售出，其收入用来为她自己和丈夫约翰办祈祷会。

她的遗嘱突现了黑死病对全国数以千计家庭的毁灭性冲击。但这个文件也给予我们其他洞见，尤其使我们窥见急剧上升的死亡人数为妇女带来的一些机会。

就这个事例而论，玛蒂尔达显然有自己个人的财富，她有立下书面遗嘱的自由。简言之，在妇女拥有相对经济权力的一段时间里，她是比较早的受惠者，那段时间是因为许多有技能和接受过训练的男人突然死

一个法语手抄本描绘锻造铁钉的女工。在黑死病之前，这类机会在伦敦的确有所存在，但黑死病之后，这种机会大大增加了

亡造成的——那个时期被称为妇女的"黄金时代"。

黑死病突袭伦敦之前，其习惯法已赋予伦敦妇女罕有的自由，相较而言，其他地方妇女没有那样的自由，约克郡除外。比如，妇女可以代表自己签订契约、招收学徒、搞经营、出租房屋、在伦敦法院起诉追债（或被起诉还债）。一个女人——尤其寡妇——甚至可以立遗嘱，玛蒂尔达即为一例。

太平间十字架置于瘟疫死者尸体之上，约在1348年。黑死病对妇女最大的冲击发生在首都伦敦

黑死病的突袭使伦敦的人口直线下降，从1300年高峰期的8万人降至4万人，于是，妇女的机会成倍增加。事实上，市长和市议员们因人力的长期短缺而感到震惊，他们开始积极鼓励妇女行使自己的经济权利。

最终，妇女的权力进一步拓展：从1465年起，一位寡妇成为"城市自由人"（即市民），因为她曾经和在世时的丈夫长期一起生活；只要她继续在伦敦居住，且不再婚，她就是伦敦的市民。

伦敦当局特别急于鼓励伦敦商人和手工艺人的寡妇继续经营她们已故丈夫的作坊或生意，目的是确保这些企业继续为伦敦的市政繁荣和税收做出贡献。

在黑死病之后的岁月里，女学徒在现存的记录中显得突出，这并不是新现象。早在1276年，就有一个名叫玛丽恩·德·利美塞耶（Marion de Lymeseye）的女孩拜师罗杰·奥利尔（Roger Oriel），奥利尔是念珠制造商。但在黑死病过后的半个世纪里，从1350年到1400年，女学徒的人数激增。

一些父亲在遗嘱里规定，女儿学一门手艺，渔民罗伯特·德·拉姆西（Robert de Ramseye）1373年去世，给女儿伊丽莎白留下20先令——用作她的陪嫁，"让她学一门手艺"。

这方面的记录稀缺——中世纪伦敦只留下30份学徒契约，约1/3是女学徒，她们许多人学丝织或刺绣。和男孩的契约一样，女孩的契约也必须存入行会的学徒名册，契约的条款相同，一般是7年。

为什么这段时间女学徒增加？对男孩而言，学徒期满就打开了通向伦敦市民身份的道路，伴随这一身份的政治经济利益与责任也随之到来。但对女孩而言，情况并不是这样的——她们的市民身份不会尾随学徒期满而到来，她们多数人接着就出嫁了。

女学徒住在师傅或师母家里（仆人并非总是这样住），完全听他们使唤。师傅或师母有特别的义务为她们提供吃穿，教她们学手艺，尤其要培训她们学习本行业的诀窍和技能。学徒期为女孩提供了赞助人和联系人，确保她们在本行业社群里的地位。

伦敦市外乡绅家庭的父母都知道，让女儿当学徒能给她们提供赖以维生的手段，使她们在必要时能独立安家。毫不奇怪，大多数女学徒的契约由父亲或兄长包办，不过有一个萨塞克斯的女孩自己签订契约，她给一位伦敦的妇女当学徒。

二、独自经营的生意人

已婚妇女可以用独立女性的身份做生意，不与丈夫合伙。1380年前后，当莫得·爱兰（Maud Ireland）的丈夫托马斯担任市议员时，她以"独立女性"（femme sole）的身份经营丝织品。"根据伦敦惯例，她必须要自己签合同。"她欠债被起诉,她从一位意大利商人买进白丝,欠款了。

妇女要公开宣示自己的独立地位。1457年10月,艾格尼丝·高尔(Agnes Gower)向市长和市议员宣示,她经营丝织品,不做其他生意;她请求在丈夫约翰不参与的情况下"经营",允许她根据伦敦的惯例自己签合同。

有些伦敦独立女性的生意做得很大。艾格尼丝·拉姆西(Agnes Ramsey)的父亲是著名的建筑师和石匠威廉·拉姆西。父亲威廉1349年去世以后,她接过父亲的业务,经营皮革,达12年。她带徒弟,雇男仆,可能还雇了一位女文书管账。

15世纪曾经有两次,伦敦东门外的大钟铸造厂是由寡妇经营的。家长和铸钟厂的创建人约翰娜·希尔(Johanna Hill)是寡妇,她1441年去世。这个家庭和作坊有4个男学徒、2个女仆、10个男仆、1个专业的铸钟人、1个簿记员,还有铸钟厂一个合伙创建人的女儿。

还有一些寡妇不经营丈夫的生意或手工艺,但继续料理丈夫企业的财务。她们追欠款、清理账目,负责丈夫遗嘱的执行。这些妇女积极维持家庭,确保家人的心灵安康,养育好孩子,尽力做好方方面面的事情。另一个名为艾格尼丝的女人是史蒂芬·福斯特(Stephen Forster,1454—1455年任伦敦市长)的遗孀,她负责路德盖特(Ludgate)监狱的重建和重组。

三、机灵的女人

这些了不起的妇女在伦敦的商界留下了自己的印记,在她们的社交圈子里赢得了人们尊敬。行会和公司的记录认可她们的存在,但她们的角色不是正规的角色——更准确地说,她们分享的是公司的宗教、慈善

15世纪晚期的一幅画，一位女雕工在工作

和社交生活。

　　但是，有几个行业承认女人的贡献。比如，在15世纪初，向啤酒商行会交会费的1/3会员是女性。她们有些单身，有些是寡妇，有些是独立经营的已婚妇女。一个名为艾格尼丝的女人，丈夫史蒂芬经营布料；在15世纪20年代，她始终独立缴纳会费。

　　表面上，这些女人在组织内部被边缘化，局限于社会和慈善的角色，但她们能在行业内与其他个人建立联系。她们的信誉也得到承认，既能分享行业内的物质资源，又能贡献物质资源。为了抵消行会和公司强加于她们的限制，为了补足正式的技艺关系，许多妇女创建了重要的非正式关系网，这些关系网含朋友、仆人、学徒、受养人和赞助人。

　　无论她们多么紧密地接入伦敦生活的社会经济网络，她们在专业上的进步还是受限的。比如，罕有证据说明女人担任公职，并拥有指挥男人的权威——这样的任命肯定会遭到猛烈的抗拒。

　　1422年，伦敦王后区的男人抱怨说，本地的牡蛎测量员伊利的约翰（John of Ely）把他的职务分包给女人，而"这些女人并不懂做任何事；女人插手政务，这也不是尊重伦敦城的表现"。毫无疑问，大多数伦敦人赞同这些男人的观点；女人从来没有担任过区一级的官员、普通议员、市议员，那也是肯定的。将权力授予妇女的事情极为罕见，不过，这样的事情的确发生过：1433年，在丈夫尼古拉斯去世后，爱丽丝·霍尔福德（Alice Holford）担任伦敦桥的执达官，长达二十余年。（见本书第190页"扩展阅读"）

中世纪晚期的织女。在彼时的伦敦，妇女进入了许多手工艺行业

四、未来的收益

从1350年到1500年的150年可以被视为伦敦妇女的"黄金时代",这是有道理的。不过好景不长。人口再次膨胀以后,人力严重短缺的现象被人口过剩取代,伦敦妇女就被排挤出劳动市场了。1570年,布料商会拒不允许一家店雇一个女学徒,"因为以前从未见过这样的情况"。

这"黄金时代"以后,妇女当然也工作,但多半是在非正式的和附属的岗位上工作。伦敦商人逐渐变为乡间绅士,他们的妻子再也不适合自己做生意。新教教义为妇女造就了一个特别的角色——在家里相夫教子。

整个15世纪,英格兰社会的父权制根深蒂固。女人能得到的机会纯粹是经济的:她们没有掌权,没有办法影响政治决策。所以,"黄金时代"只不过昙花一现,在经济首府伦敦体现得最明显。

然而,一旦被赋予机会,这些女人表现出能承担男人工作的才干。她们这样做,开创了一个重要的先例,20世纪的妇女在两次世界大战中就追随她们的榜样,直接导致今天妇女更大的经济政治解放了。

卡罗琳·巴伦,伦敦大学王室霍洛威学院荣休教授,专攻中世纪晚期英国史,尤其妇女的历史。

发现更多信息

请再听听

▶ 主持人梅尔文·布莱格(Melvyn Bragg)和嘉宾——包括卡罗琳·巴伦——讨论14世纪最不寻常的事件。

▶ 《农民起义》(*The Peasants' Revolt*),节目"我们这个时代",bbc.co.uk/programmes/p0038x8s。

BBC RADIO 4

扩展阅读: 黄金时代的女人

瘟疫来袭时，以下四位妇女利用了呈现给她们的机会

 1. 艾格尼丝·拉姆西, 石匠

艾格尼丝从来不用夫姓，其父是著名的建筑师和石匠威廉·拉姆西，1349年死于黑死病。艾格尼丝嫁给石匠罗伯特·哈巴德（Robert Hubard），但她继续经营父亲的业务，与爱德华二世的遗孀伊莎贝拉王后签订合同，为王后建造陵墓，合同价100英镑。那是一笔巨款。

 2. 爱丽丝·霍尔福德, 执达官

1433年，爱丽丝丈夫尼古拉斯去世时，接过他担任的伦敦桥执达官，继续担任这一职务，长达二十余年。执达官向进伦敦的过往船只收费。任务复杂，通行费根据商品和运输人有所不同——爱丽丝一定是略通文墨的。

3. 约翰娜·希尔，铸钟人

约翰娜·希尔的丈夫1440年去世后，她全权负责铸钟厂的业务，直到1441年她自己去世。她铸造的大钟尚有七口存世，它们远至伊普斯威奇（Ipswich）、萨塞克斯和德文郡。约翰娜继续用她丈夫的商标——盾形里有一十字和圆环。不过，她在上面加一个菱形，以显示铸钟厂由她管辖。

4. 艾伦·朗维斯 (Ellen Langwith)，织女

1481年去世的艾伦生前在伦敦经营丝绸。她的第一任丈夫菲利普·沃尔瑟姆（Philip Waltham）制造刀具。丈夫去世时留下三个女学徒，由她接着培训。稍后，她嫁给裁缝约翰·朗维斯（John Langwith），但她还是继续经营丝绸。有文字记载，她直接从威尼斯商人处买进金线和生丝。1465年，她为爱德华四世的王后伊丽莎白·伍德维尔（Elizabeth Woodville）的加冕礼供货，制作了马鞍饰品和丝绸旗帜。刀具商会和裁缝商会都讨好她。

上图：约翰王麾下的英军对阵法军。1214年在布汶（Bouvines）败于法王腓力二世后，约翰王的地位极其虚弱，1215年被迫接受诸贵族的要求，签署《大宪章》

下图：《玛丽女王诗篇》（*Queen Mary Psalter*, 1310—1320）一景，农民收割谷物。《大宪章》极少改变13世纪英格兰150万不自由臣民的命运

第五节 1215年约翰王签署的《大宪章》对英格兰人意味着什么

《大宪章》激励了历代的各界人士，从克伦威尔到甘地，名重古今，但约翰王签署它的那一年，它对英王的臣民有何影响呢？戴维·卡彭特（David Carpenter）就此展开研究。

13世纪的一幅插图显示一个农民割草。《大宪章》歧视大部分英国人，戴维·卡彭特如是说

1215年无疑将永远被《大宪章》界定。事关英国命运的1215年6月15日，约翰王（约翰一世）很不情愿地同意在泰晤士河畔兰尼米德（Runnymede）的草地上签署了《大宪章》。也许，在捍卫法治高于绝对王权的事业中，他签署的这一文件比其他任何文件都重要。

无疑，1215年的事情回响至今，达数百年。无数的历史书宣告，《大宪章》对每个人都是激励，从查理一世的反对者，到美国建国之父，再到20世纪为争取自由而斗争的圣雄甘地和纳尔逊·曼德拉等人，都受到它的激励。

然而，大多数的历史书并没有展示，这一著名文献在1215年对大多数英格兰人意味着什么。国家进入13世纪时，对耕耘土地、上教堂的教徒，对行政执法、管理地方政府的人而言，这个文件产生了什么影响呢？《大宪章》使谁最受惠——谁最受亏待呢？

贵族发号施令

常有人设想，1215年夏天的英格兰人民或多或少是团结一致，支持贵族反对国王的。这一设想无疑有一点道理，然而1215年的英格兰是分裂的、不平等的社会，由一百余位伯爵和男爵支配。你阅读《大宪章》时无法逃避这一事实。这是一个咄咄逼人的文件，不仅反映了社会分裂，而且积极地强化重大的分裂。

上层贵族施压。13世纪50年代的一幅画显示英格兰的约翰王在御座上。他掌管一个王国，可是这个王国却要受一百余位强大的伯爵和男爵的支配

如此，它歧视不自由的农民和妇女，赋予城镇和骑士的权力少于他们的预期。

《大宪章》许多章节的主要受惠者是直接从国王手上获得土地的人，即所谓的"直属封臣"（tenants-in-chief）——约数百人，由伯爵和男爵主导。于是，根据《大宪章》组建的同意王国征税的国会是排他性的，完全由伯爵和男爵（以及主教和修道院院长）组成，他们个人会收到出席国会的通知，其余的"直属封臣"一般由郡长发出通知。

那就是说，伦敦和其他城镇在国会没有席位，但证据表明，伦敦人认为伦敦应该有席位。这不是《大宪章》歧视首都的唯一方式：伦敦参与贵族们反对约翰王的叛乱时，叛乱者允诺，只有在王国人民同意的情况下，国王才能向城镇征收捐税。但在泰晤士河畔兰尼米德的草地上和国王谈判时，贵族们放弃了这个要求。

忽视伦敦的利益时，贵族们根据自己的利益行事。这是因为如果国王失去了任意对城镇征税的权利，贵族们就可能发现，他们自己对城镇课税的能力也可能受损。

无疑，英格兰主要的伯爵和男爵是《大宪章》的主要受惠者，另一方面，这个文件对英国的4500名骑士的含义就混杂得多了。

在13世纪的英格兰，骑士是影响不小的议会选举力量。大多数骑士从伯爵、男爵、主教和修道院院长那里获得土地，虽然数百位骑士是国王的"直属封臣"。

尽管自己权势不小，骑士们还是发现，贵族们1215年初对国王提出的要求令他们失望。在那个"不明宪章"（Unknown Charter）里，国王多半是对"直属封臣"让步（大多数其实被排除在外）。对地方政府的运行而言，根本就没有什么让步，而争取国王在这个方面的让步正是骑士们最关心的。

千秋万代的宪章。这
是1225年版的《大宪章》，
由约翰王的儿子亨利三世
发布。这一文献的部分文
字保留在联合王国的法典
中，直至今天

骑士为自己的权力而战

不过，骑士加入反叛后，他们成功改变了贵族原有的计划。《大宪章》规定，四位骑士入选郡一级法院，与法官同事；国王巡视听取普通法案件审理时，入选的四位骑士也出庭。《大宪章》亦明示，每个郡选举（不由男爵挑选）12位骑士，由这些骑士调查国王的地方官员滥权的案件。这一条款在1215年兰尼米德的协商中得到增强，把很大的权力交到骑士手里。

骑士们还成功让贵族做出另一条重要的让步。在《大宪章》规定下，国王再也不能允许贵族对臣民征税，唯有三种时候例外：封长子为骑士，向绑架者付赎金，让长女出嫁。这缓减了骑士的一大抱怨，因为约翰王曾出于其他目的向他们征税，尤其要骑士帮助贵族向国王纳税。

然而，骑士们的这一胜利很快夭折。1215年后，防止贵族向自由民征税的条文在《大宪章》历次版本中都被省掉了，所以根本就不在1225年最后的定本中露面。而且，各郡的骑士和自由民在国会中根本就没有代表；1215年的《大宪章》规定，国会要开会同意才能征税。我们看到，骑士和自由民就是由主教、修道院院长、伯爵、男爵和其他"直属封臣"组成的。

《大宪章》没有条文表明，各郡选举的骑士应该参加国会，虽然它规定，由各郡选举的骑士和国王的法官共同调查地方的弊案。在这个方面，约翰王实际上比贵族更先进。1213年，约翰王从每个郡召唤四位骑士进宫商讨王国的事务——这样的先例并没有在国会里得到贵族的效仿。

在1213年国王召唤骑士商谈国事的事件中，代表各郡的骑士并没有被召唤到国会（起初叫national assemblies，后来才叫parliament），直到

不公平待遇。13世纪的一幅插图显示农妇挤牛奶。虽然《大宪章》保护妇女不得被任意逮捕、监禁、剥夺和"摧毁"，它却反映了妇女在公共事务中作用有限

1213年才改变。到1265年，西蒙·德·蒙德福特（Simon de Montfort）执政时，各郡的骑士和市镇选出的议员才应召到国会议政；这就是下议院（House of Commons）的滥觞。

贵族和骑士分肥

在谁应享受《大宪章》的好处这个问题上，贵族和骑士是分裂的。但说到歧视非自由的农民时，虽然他们的财富都依靠农民的劳动，他们却是毫不留情地团结一致的。

1215年，英格兰300万人口中有一半是非自由的。隶农或农奴在约翰王签署的《大宪章》里几乎享受不到任何权利。其中，最著名的第39条规定，"任何自由人"，如未经其同级贵族之依法裁判，或经国法判

决，皆不得被剥夺自由。换言之，贵族可以任意剥夺非自由的农民。

　　第40条表面上更给人希望。约翰王宣示，"余等不得向任何人出售、拒绝，或延搁其应享之权利与公正裁判"。问题是，法律本身否定隶农在土地和劳役问题上求助国王法院的权利。正如13世纪布拉克顿（Bracton）的《英国法律与习惯释义》（*De logibus et conswetudins anglias*）所言，隶农早上醒来时不知道夜幕降临时做什么。他必须听从主人的吩咐做事。《大宪章》唯一表面上保护隶农的条文不像字面上那么有效。其谨慎措辞保护隶农不受国王强制征税，却不保护他们不受主人强加的罚金。

　　自由妇女的境遇稍微不那么凄凉。《大宪章》规定，寡妇享受陪嫁、继承财产时不必缴费，不会遭遇困难；而且《大宪章》还保护寡妇免于强制性再婚。

《大宪章》第39条称，要保护"自由人"不得被任意逮捕、监禁、剥夺和"摧毁"所指人，但这里所谓的"人"在1215年普遍被理解为人类的人。所以，这39条里所谓的"人"应该既包括男人，也包括女人。但约翰王签署《大宪章》不久，男爵夫人玛蒂达·德·布里厄兹（Matilda de Briouze）及其长子［其家族与国王失和，他们两人在科夫城堡（Corfe Castle）的地牢里饿死］就"被毁"了。由此可见，第39条里的说辞对许多人就失去意义了。

第二等级的女人

　　《大宪章》还反映了男女两性的不平等。女人享受的财产权远不如男人多：只有在没有兄弟的情况下，她才能继承财产。结婚后，她的财产受丈夫控制。

《大宪章》还突显了妇女在公共生活中被边缘化的方式。该文献提及39个男人的名字：约翰王及其世俗和宗教事务的顾问，以及外事治安官和被革职的守城官。多少女人被提及呢？一个也没有。

女人有权接受同阶层陪审员的审判，但那些陪审团全是男人——女人不能进陪审团，她们不能担任公职（例外很稀罕）。

更严重的是，《大宪章》唯一提到"女人"那一条把女人置于男人之下。条文说，女人起诉的谋杀者不能被捕，除非死者是她的丈夫。

法律记录暗示，《大宪章》颁布时，女人提起的上诉很多。因为她们不会在决斗裁决里为自己的指控提供证据支持，所以人们怀疑她们的指控是不负责任的——或因为她们自己不负责任，或由于她们被男人操纵。无论这个观点是否有道理，《大宪章》提到女人的那一条并不意味着，制定《大宪章》的男人对女性有较高评价。

因此，对1215年的英国人民而言，《大宪章》被证明是社会分割的文件。它支撑而不是挑战不平等，确保权力很大程度上掌握在顶尖的一个小集团手中。尽管如此，《大宪章》还是舒缓了真实的怨恨，坚持了一条根本的原理：法治，这是人人都可能受益的原则。这一点至关重要。

戴维·卡彭特，伦敦国王学院的中世纪历史教授。他与人合作完成《大宪章》研究，这个项目含原文、翻译和专家评语：magnacartaresearch.org。

发现更多书

▶ 《大宪章》（*Magna Carta*），戴维·卡彭特著，Penguin Classics，2015。

展览

▶ 在林肯城堡可观看《大宪章》副本。请访问www.lincolncastle.com查询开放时间。

网址

▶ 与《大宪章》相关的网址 http://magnacarta800th.com/tourist-information/magna-carta-locations/

扩展阅读：《大宪章》：存续的故事

1215年6月15日约翰王签署《大宪章》，那是因为他发现，面对反抗他的大规模叛乱时，自己站到了错误的一方——点燃叛乱烈火的是他对臣民的苛政，以及他在诺曼底对法国战争的惨败，这场叛乱是英格兰一些最强大的贵族牵头的。

《大宪章》63个条款，3550个词（拉丁文写成）对国王施加一系列限制，限制他强行征税的权力，主张他再也不得出卖、否认和拖延正义。

另一方面，《大宪章》又被设计为约翰王和反对派的和约。在这个方面，《大宪章》失败了。在兰尼米德签署后不到一个月，约翰王就请求教皇撤销它，结果自然是内战。

《大宪章》可能会淹没在历史中。之所以能存续至今，那是因为约翰王1216年10月去世后，其9岁儿子亨利三世的少数派政府接受被约翰王拒绝的条款，发布了新版的《大宪章》，希冀诱使叛乱者重返国王的阵营，于是，亨利三世1217年发布了第二版的《大宪章》。然后，在1225年，为了换取贵族对一例重税的支持，他发布了成为终极定版的《大宪章》。

亨利三世1225年颁布的《大宪章》（基本内容和1215年的《大宪章》相同）被以后的国王确认。1225年《大宪章》的条款仍然是今天联合王国的法典。

随着岁月的流逝，《大宪章》的条文过时了，但它依然存续，因为它肯定了一条基本的原理——法治。国王再也不能随意夺取财产、逮捕个人。只有通过合法程序，国王才能这样做。

1225年，亨利三世颁布《大宪章》的定本

66 扩展阅读: 我希望一百年后《大宪章》仍然广受好评

戴维·卡彭特对话罗伯·阿特（Rob Attar），为何《大宪章》2015年仍然有现实意义

阿特：为何《大宪章》800多年后仍然如此重要？

卡彭特：我的回答完全没有原创意义！这是因为它肯定了一条基本原理：统治者受制于法律，不能肆意妄为地对待自己的臣民。这一点简要归纳于第39款中，它仍然是联合王国的法典。还有第40款的规定，谁也不能被剥夺权利和公正。这同样是英国法律的一部分。

《大宪章》之所以重要，还由于其历史。它成了一个标志性的文件，因为约翰王的反对派查理一世利用它，美国的建国之父利用它，将其用作法治的普遍原理。而且，它仍然是英国今天政治辩论不可或缺的一部分。

阿特：《大宪章》的作者是否会想到，它将成为一个标志性的文件？

卡彭特：他们当然希望，这个文件会传之久远。毕竟，这是约翰王赞同、意在自己和继任国王永续留名的文件。他们的抱负是，《大宪章》成为管束英国宪法的一篇基本文献。然而，《大宪章》签署后不出几个月，签署文件的双方都抛弃它，以至于到1215年秋，它竟像是一纸空文了。

阿特：您刚写了一本论《大宪章》的新书。您的研究有什么新发现？

卡彭特：最令我兴奋有三个发现。第一是约翰王1209年的一封信，显示他还试图重申他对苏格兰的统治权。这就意味着，《大宪章》拯救了苏格兰，使它免于英格兰的统治，可见，盎格鲁-苏格兰关系的历史需要重新思考。

第二个发现是，《大宪章》的四个抄本之一被送到了坎特伯雷大教

堂，以前完全不知道这一情况。第三个令人兴奋的发现是，《大宪章》的抄本很多，许多抄本有异文，使我们对协商的情况有新的了解。这些抄本当时对《大宪章》消息的传播非常重要。

同样重要的是，这次研究使我推开了鸟瞰1215年英国社会的一扇窗户，目光聚焦于妇女和农民，以及伯爵、男爵和骑士。

阿特：什么是今天流传的对《大宪章》的主要误解？

卡彭特：人们常常错误地认为，《大宪章》是约翰王用笔签署的，而不是盖上玉玺的。这一错误如此流行，真使人吃惊。实际上，意识到许多人对《大宪章》一无所知，反倒是有益的。我记得，去年对一群历史本科生讲有关《大宪章》的新发现时的情景。我一开讲就说，在800周年纪念前夕，有许多令人兴奋的新发现，第一排一个女生举手说："好呀，但请告诉我，《大宪章》是什么？"可见任何东西你都不能视之为理所当然。我怀疑，多少人知道《大宪章》发布的年代。

阿特：您认为，800周年纪念对《大宪章》意味着什么？

卡彭特：短期内我想人人都希望，这次周年纪念将增强人们对《大宪章》的兴趣——对这篇历史文献的兴趣，以及对其体现的主题和原理的兴趣。我们希望，《大宪章》将处于公共意识的前沿。

我在思考第一件事情是，在一定意义上，如今（2015年）的我们处在过往和未来之间。对我这样的人而言，回头去看《大宪章》的700周年纪念并不是很难。那一年的纪念是在第一次世界大战中，我仍然觉得与撰写《大宪章纪念文集》（Magna Carta Commemoration Essays，第一次世界大战期间出版）的作者有联系，尤其与莫里斯·波威克（Maurice Powicke）有联系，有一些认识他的人仍然在世。

除了回顾，我还常常想2115年的900周年纪念，我们现在的人没有一个会在世。我们不知道，《大宪章》是否会再被人纪念，也不知道什么样的学术研究还在进行中，但猜想那时的情况却令人神往。当然我希望，100年后，《大宪章》仍然位于学术研究和大众兴趣的前沿。

第六节
如何建造中世纪城堡

东萨塞克斯（East Sussex）的波定堡（Bodiam Castle）建于14世纪80年代。护城的壕沟符合大众理想中的城堡，设计精明，给人规模宏大、粗犷强固的幻象。

约翰·古道尔（John Goodall）有所发现，诺曼人对英格兰的征服触发了修建城堡的热潮，但白手起家建造城堡绝非轻而易举。

一、仔细选址

关键的是，你修建的城堡要选择地势突出的、有战略意义的地方

  城堡的选址一般是自然突出的地点，通常俯瞰一片美景或一个交通节点，比如浅滩、桥梁或关口。

  描绘蒙哥马利城堡选址背后情况的中世纪文字很少，但的确有一些。1223年9月30日，15岁的亨利三世率军来到蒙哥马利。他刚刚战胜威尔士亲王卢埃林·埃普·艾奥沃斯（Llywelyn ab Iorwerth），决意在蒙哥马利修建城堡以确保王国边境的安宁。此前一个月，全国的木匠受命为这座新要塞准备木材，但城堡的选址由国王的谋士决定。

  在边境仔细勘察以后，城址选在塞文河（Severn River）岸的一块台地上。用史学家温多弗的罗杰（Roger of Wendover）的话说，其位置"似乎万夫莫开"。他又云，修建城堡的目的是，在威尔士人频繁袭击的条件下确保蒙哥马利地区的安稳。

重要提示：
  确认选址的地形控制运输线：这样的地势是天然的城堡选址。要记住，城堡的设计由城堡的位置决定。比如，位于高露头地势的城堡就要设计干壕沟。

威尔士中部的蒙哥马利城堡开建于1223年，坐落在塞文河岸的一块台地上

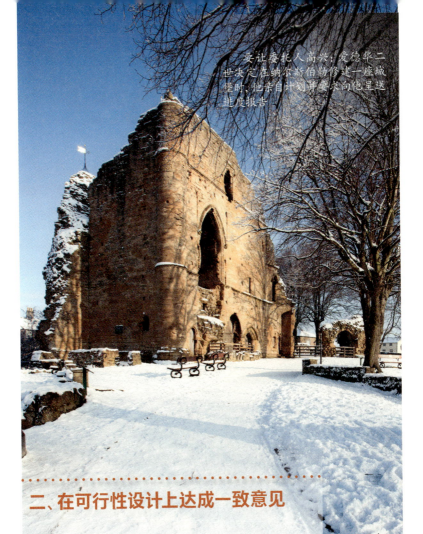

要让委托人高兴：爱德华二世决定在纳尔斯伯勒修建一座城堡时，他亲自计划并要求向他呈送进度报告

二、在可行性设计上达成一致意见

能画设计图的顶级石匠是必须的条件，精通各类武器的工程师也是有用的

  有实战经验的老兵对城堡的设计可能有自己的主见，在建筑物及其布局的形式上有自己的主张。但他们不太可能有设计或建筑的专业知识。

  实现憧憬所需的是一位顶级的石匠—— 一位经验丰富的建筑

师，其与众不同的技能是制图的能力。他掌握实用几何学，用测量杆、直角规和指南针等简单的工具就能完成建筑设计图。这样的顶级石匠提交设计图的建议书，供审议批准，开工以后还负责工程的监理。

　　1307年，爱德华二世决定在纳尔斯伯勒（Knaresboroug）为他的宠臣皮尔斯·加韦斯顿（Piers Gaveston）修建一座城堡时，他不仅亲自审批设计图——由伦敦的顶级石匠蒂奇马什的休（Hugh of Titchmarsh）绘制的设计图，而且要求定期向他呈送工程进度报告。从16世纪开始，一个名为工程师的新的专业群体越来越主导要塞的设计和工程。他们有使用火炮的技术知识，有保卫城堡的知识，也有减弱城堡防卫的知识。

三、招募大批熟练工匠

你需要数以千计的劳工，未必全都是精选的工匠

修建城堡需要大量的劳工。关于1066年后英格兰修建城堡第一轮高峰期所调动的劳工人数，我们没有文献证据。但此间许多城堡的规模使我们明白，为何编年史家说，诺曼人征服英格兰后修建城堡的运动使英格兰人觉得受压迫。不过，中世纪后期存留下来的修建工程的文字记述为我们提供了详细的信息。

1277年，爱德华一世入侵威尔士，一开始就在威尔士东北部的弗林特（Flint）修建一座城堡。他调动国王麾下的庞大资源，快速建成了这座城堡。当年8月，开工不到一个月，他在工地上就动用了2300人，包括1270个挖掘工、320个伐木工、330个木工、200个石匠、12个金工和10个烧炭工。所有的劳工从全国强征，由士兵押送以防逃跑。

在每一个城堡修建期，每当需要时都雇用外国专家，他们常常担任高级职务。15世纪40年代改建林肯郡塔特舍尔（Tattershal）堡时，用上了的几百万块砖，均由一位名叫鲍德温的荷兰人供给，他显然是移民。

重要提示：
依据劳工规模及其上下班行走的距离，你可能需要在工地提供住宿。

如图所示，爱德华一世雇用了200名石匠在威尔士的弗林特修建城堡

罗德兰（Rhuddlan）城堡有一道外墙保护。这道围墙延展到人工开凿的克卢伊达运河边

重要提示：
　　因为城堡的建筑材料体大笨重，尽量走水运，即使不得不修码头或运河也要走水运。

四、确保工地安全

在敌对领地施工极易受到袭击

　　在敌对的领地上修建城堡，要防止建筑工地被袭击。一个办法是在周围用木材构建环形工事，或建一圈石砌的矮墙。这样的一些防卫设施仍保留完好，它们是城堡外围的前护墙。这样一个遗址见于安格尔西岛上的博马里斯（Beaumaris）城堡，始建于1295年。

　　确保与外部世界的交通、建筑材料的运输同样重要。比如，在1277年爱德华一世耗巨资修建了克卢伊达（Clwyd）运河，从里兹兰的新城堡直通大海。在这里，保护建筑工地的裙墙直达运河边的码头。

　　大型城堡修葺时，也可能有安全之虞。亨利二世1180年改建肯特郡的多佛（Dover）城堡时，其建筑工程似乎就在仔细的防护中交错进行，在整个改建过程中，多佛城堡的防卫工事都发挥了作用。

　　据王室档案记载，等到大塔楼或主楼接近完工、可以驻军时，内贝雷墙（inner bailey wall）的施工才告开始。

五、美化景观

修建城堡可能需要挖掘大量土方，成本很高

人们常常忘记，城堡防御工事既是建筑工程，也是景观工程。在没有机械设备的情况下，挖掘并搬运大量土方必然耗费大量的资源。诺曼式城堡

这幅18世纪的版画是1597年伦敦塔的平面图，显示修建护城河或防护墙不得不运走的巨量泥土

的土方规模长期被人忽视，其消耗的资源尤其非同寻常。比如，埃塞克斯郡普莱希（Pleshey）城堡有一个人造的土丘，很大，名"莫特"，约1100年垒成，需要24000个工作日。

美化景观的工作也需要高超的技能，护城河挖掘尤其要有高超的技艺。13世纪70年代，爱德华一世重建伦敦塔时就聘请了一位外国专家弗兰德斯的沃尔特（Walter of Flanders），他在工地周围开掘了一条宽阔的潮水渠。沃尔特指导的挖渠工程耗资4000多英镑，这笔巨款几乎占去了整个工程造价的1/4。

在城堡被围困时，大炮的应用能改善防御，所以修建城堡的大量土方成为另一种防卫的手段，土墙能吸收大炮冲击的能量。奇妙的是，搬运大量土方的能力被防卫工程师用于营造园林的工作。

重要提示：
　　为节省劳动力、经费和时间，从城堡周围的壕沟挖掘城堡墙体所用的土石方。

>

六、打牢地基

小心谨慎地把石匠的设计图迁移到工地

使用测量长度的绳子和短桩，可以在工地现场设置全尺寸的城堡地基。这是通过首席石匠运用画笔、指南针和直角规来实现的。基坑挖好之后，开始石墙结构的施工。为了省钱，砌石墙的工作委派给一位资深的石匠，而不是给首席石匠。在中世纪，石匠的工作常用石杆（长16英尺6英寸，合5米）来计量。比如，诺森伯兰郡沃克沃斯（Warkworth）城堡复杂的塔楼就布局在网格状的石杆上，大概是便于计算成本吧。

中世纪工程的施工过程常常有详细的记载。1441—1442年，斯塔福德郡的塔特伯利（Tutbury）城堡被拆毁，后继城堡的布局用绳子和短桩来布置。工程的监理是斯塔福德伯爵，他不太满意。国王的王牌石匠韦斯特利的罗伯特（Robert of Westerley）被派遣到塔特伯利。他和工地上的两位资深石匠商量，另选址设计了一座新塔楼。他离开后，一小群工匠包括4位资深石匠干了8年，建成了他们那座新的塔楼。

资深石匠还可能应聘去检验工程的质量。肯特郡的库林（Cooling）城堡就曾经请人去检验工程；王室御用石匠亨利·耶维尔（Henry Yevele）应聘去调查1381年到1384年的工程情况，他批评工程偏离原有的设计，削减了成本账单。

诺森伯兰郡沃克沃斯城堡布局在网格状的石杆上，每根长16英尺6英寸

重要提示：
不要被你的石匠欺骗。让他设计建筑时就精确地估算成本。

这幅15世纪图显示城堡被攻陷，为了击退进攻，城堡常常装备了重武器

七、加强防卫手段

用先进的防卫设施和高规格的木工技术为城堡锦上添花

　　12世纪前，大多数城堡的防卫设施都是土木结构。以后的石材建筑居多，但木材仍然是中世纪战争和防卫的非常重要的材料。

　　石头建筑沿墙加修战斗走廊（名"风墙"或"走廊"）以防攻打城堡的敌对行动，还在城垛之间加装可以吊起来的防护屏障，以保护防守人。 〉

这些设施都是木制的。防卫城堡的重武器包括抛石机和诨号"壮小伙"的重型十字弓也是木制的。这样的"弹射炮"一般是由高薪的木匠设计的，有时他们被称为"工程师"或"精巧师"（ingeniator）。

这样的技艺耗资不菲，但其价值堪比黄金。1266年的一个工程无疑就这么昂贵。沃里克郡的肯尼尔沃斯（Kenilworth）城堡抵抗亨利三世的进攻，将近6个月，它的抛石机和水防设施挫败了亨利三世的每一次进攻。

甚至有罕见的记载显示，有些战役用城堡完全是木结构；它们是可以运输的，需要时可以重新搭建。一个这样的木结构城堡是法国人1386年入侵英格兰时建造的，它在海上被加莱城的驻军缴获。文字记述描绘，这个木结构的防卫墙高20英尺（约6米），长3000步（约2743米）；每隔12步（约10米）就耸起一个高达30英尺（约9米）的塔楼，还有规格描述不详的保护炮手的设施。

重要提示：
　　橡树木材在砍伐后会随着时间的流逝变硬，在它还是绿色时最容易加工。修剪过的树（去掉上部树枝）提供了长而干净的树枝，方便运输，并可用最少劳动力加工成形。

八、处理供水排污设施

切莫忘记现代化的生活设施。当你的城堡被围困时，你就领略到这些设施的重要性了

城堡必须有有效的给水系统。其形式可以是一个或一个以上的水井，专供厨房或马厩之用。如果不下井看看，你很难理解中世纪水井井身的情况。柴郡的比斯顿（Beeston）城堡有一个水井深达100米，井壁的前60米由切割的石块堆砌而成。

你偶尔能发现家用房间里先进的给水系统。多佛城堡的塔楼就用一套铅水管在城堡内供水。它用绞车从水井取水，也可能利用了雨水。

人体排泄物的处理是城堡设计师面对的另一个问题。厕所集中在一起，以便让排污管共用一个排污口，沿不长的廊道通向外面，以控制臭味；常常有固定的木质坐便器，其盖子可以开合。

城堡的厕所今天的诨名叫"衣橱"（garde-robe）。实际上，中世纪厕所的诨名多彩而广博，包括gong或gang（盎格鲁–撒克逊语，意为"出恭之地"），还包括privy和jake（法语的俚语"约翰"或"约翰尼"）。

重要提示：
请你的大石匠师傅为主卧室设计一套舒适的私密设施，效仿亨利二世多佛堡垒。

奇普蔡斯（Chipchase）城堡的"出恭"地

城堡是奢华的住宅，也是堡垒。这是13世纪的温彻斯特大厅，墙上描绘的桌子据说是亚瑟王著名的圆桌

九、按需装饰

城堡不仅要防卫好，高品位的住户还需要一定程度的奢华

　　城堡不仅需要战时御敌，而且还是豪华的住宅：中世纪的贵族希望城堡既舒适惬意又设备齐全。在中世纪，贵族们常常在几个住地之间行走，携带随从、财物和家具，从一个住宅到另一个住宅。然而，重要的室内装修常常拥有装饰性强的固定设施，比如彩绘玻璃。

亨利三世的装修品位记载得特别详尽而诱人。比如在1235—1236年间，他指令，汉普郡温彻斯特城堡的大厅要绘制世界地图和"幸运之轮"（wheel of fortune）。这两件装饰已失传，但壮丽的室内装饰里还是保存了亚瑟王著名的圆桌——这些内饰大约是在1250—1280年间制作的。

城堡坐拥广阔的背景对奢华生活也很重要。园林的布局使人艳羡，掩映着贵族狩猎的特权生活，同时花园也是需要的。莱斯特郡的柯比穆克斯洛（Kirby Muxloe）城堡遗存下来的工程记录揭示，哈斯丁勋爵(Lord Hastings)在1480年开工伊始就规划了城堡的园林。

中世纪人有欣赏窗外美景的品位，也欣赏室内漂亮的装饰。13世纪时，肯特郡的利兹（Leeds）城堡、蒙茅斯郡的切普斯托（Chepstow）城堡成为名噪一时的"美景"，这是其恢宏的反映。多希特（Dorset）郡的科夫城堡如今毁而不存，人们相信，它是约翰王多个城堡防卫设施的一个优雅的行宫。

重要提示：
　　确保城堡内饰足够华丽，以吸引游客和朋友。娱乐时可以在没有战斗危险下赢得比拼。

约翰·古达尔，获奖作家，也是《乡村生活》（Country Life）周刊的建筑编辑。

发现更多书
▶《英国城堡》，约翰·古达尔，Yale, 2011。
▶《城堡：形塑中世纪英国的建筑史》（Castle: A History of the Buildings that Shaped Medieval Britain）马克·莫理斯（Marc Morris）著，Windmill Books, 2012。

第七节　舔舐圣墓

"中世纪人舔舐圣墓的灰尘以治疟疾。那很迷信啊！"

学术圈子外的人普遍认为，中世纪人体毛多、身有臭味、迷信、暴烈。容我开宗明义地告诉你，在25年研究中世纪世界一小部分的基础上，我可以说，这样的看法是完全正确的。

显然，我说得有点过头。这一形象的每个元素都是可以受质疑的。沐浴大概比我们想象的更常见。一位作家云，在所有的人当中偏偏维京人颇有名气，他们用花哨的沐浴习惯勾引女人，给女人梳头发。

但这样的漫画式形象真多假少。中世纪不是个人卫生的黄金时代。查理大帝（卒于814年）就和几十位同伴共浴；我只能想象他们共沐之后洗澡水会变成什么颜色。如何打理头发是各种各样社会地位的象征：自由人或奴隶、已婚或单身、服丧期、年龄、族群身份等都有各自的发型。常人所谓"蛮族"不一样的地方是他们独特的发型，这些"蛮族"成为中世纪早期几个新王国的焦点。墨洛温王朝（Merovingian，统治今日法国地界，约475—751年）的国王蓄长发，时人称之为"长发国王"。

11世纪晚期，一个丑闻蔓延，时髦的长发在诺曼王朝的廷臣中复辟，他们拒不接受父辈男子气的短发。据说，短发表现了父辈在黑斯廷斯战役里打败盎格鲁–撒克逊人的道德优势。

中世纪人舔舐圣墓的灰尘以治疟疾。干那样的事情很迷信啊！人们相信妖魔和女巫，相信疟疾是沼地恶龙赌气所致，就像我们相信盗窃与火灾的危险一样，亦像我们相信不穿暖和就要感冒一样。

中世纪盛期，据说有不少于7块耶稣的包皮被人崇拜（毕竟，耶稣升天以后，圣包皮是他唯一留下的肉身）。

在《低俗小说》（*Pulp Fiction*）里，塞缪尔·杰克逊（Samuel L Jackson）威胁性的台词"把中世纪贴在你的屁股上"很著名，暴力是建构中世纪社会很重要的手段。最晚到7世纪时，司法案子是可以用决斗来裁判的。以血还血常常被认为是完全合法的——只要你守规矩。国王打仗是在预料之中，他们经常彼此攻伐。军队毕竟是政治的集合体。

于是乎，迷信、愚昧和暴烈——中世纪人就是这样的集合。我这是在贬低中世纪吗？不是的。当然，非常重要的事情在这个界定不明的千年里发生了，其中一些形塑了我们的世界：伊斯兰教出现并成为世界性宗教；查理大帝公元800年重建罗马帝国（最后称为神圣罗马帝国）。

13世纪的衣服手稿画，一男一女在木桶里沐浴，木桶位于人面兽身怪物的上方

在1000年的时间里，查理大帝成了欧洲君主政府的试金石。20世纪历史的巨人不太可能匹配他的遗产。不过，即使把这一切（甚至更多的东西）搁置一边，引起我兴趣的是这样一个问题：为什么中

中世纪的生活　219

世纪早期的人如此频繁地互相攻伐，而且常常似乎没有重大的战略目标——有时显然无意造成很大的破坏？为什么人们相信，在圣墓搜集的灰尘能成为圣物？为什么族群身份要用长发长须之类奇异的外形来象征？

研究中世纪不用多久，你就可能意识到，即使人们起名不再用旺巴、埃尔维格、利乌特普兰德和埃塞尔弗里斯，而开始叫威廉、理查德或杰弗里，中世纪也有非常不一样的一面。这不仅有趣，而且重要。迷人甚至全然令人震惊是感受历史的一种方式，但历史的重要性远不止于此。历史教导我们理解其他世界观，使我们明白，我们切分世界的方式并不是唯一的方式。

历史学家有责任聆听中世纪人的故事——当然要批判地听，但还要仔细地听——目的是明白，中世纪世界的人也是人，不仅是像我们的人，而且和我们是相同的人。承认共同的人性（shared humanity）是历史最伟大的任务之一，研究中世纪就是着手完成这一任务的迷人的一种方式。

盖伊·哈尔索尔（Guy Halsall），约克大学史学教授，他的中世纪研究著作颇丰。他在Edge网站上的历史博客：http://600transformer.blogspot.co.uk/。

第八节　推荐书目

中世纪研究选读

马克·莫理斯（Marc Morris）介绍中世纪研究的最佳作品。

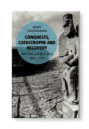

中世纪概论作品众多，品质各异。若要寻找胜过我推荐的约翰·吉林汉姆（John Gillingham）的一卷本的书，你可得下一番功夫。这本书是《征服、浩劫与恢复：不列颠和爱尔兰的关系，1066—1485》（*Conquests, Catastrophe and Recovery: Britain and Ireland 1066—1485*, Vintage, 2014）。书名里的"征服"指的是诺曼人对英格兰的入侵，以及随后英格兰对爱尔兰和威尔士的入侵；"浩劫"指的是黑死病。当然，这些入侵都是我们熟悉的事件，但吉林汉姆这本书的乐趣之一是，几乎每一页都有新意，发人深省；它对技术、贸易和教育的论述独自成章，对奴隶制和战争态度变化的介绍也新意迭出。

中世纪研究人翘首盼望论1215年《大宪章》学术新作，苦等久矣，戴维·卡彭特（David Carpenter）的新作《大宪章》（*Penguin*, 2015）值得我们久等。作者和出版社都谦称，这是一本评论，实际上，它对约翰王和贵族争端的根源做了全面的审视。作品介绍12世纪和13世纪社会的方方面面，言简意赅，包括妇女、农民、城里人和教士的生活，也包括伯爵和骑士的生活。

卡彭特还介绍过英格兰中世纪里犹太人的生活，但若要对这个有趣 ⟩

的课题进行更丰富的考察，最佳的入门书是理查德·胡斯克罗夫特（Richard Huscroft）所著的《驱逐：英格兰犹太人的解决办法》（*Expulsion: England's Jewish Solution*）（The History Press, 2006）。书名所指的驱逐是爱德华一世1290年驱逐犹太人的禁令，不过作者覆盖了犹太人在英格兰故事的全程，从他们在诺曼征服不久之后入境到200年后被强制流亡。该书说明，犹太人受到继后的国王保护，代价却是日益加剧的剥削。

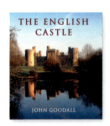

英格兰中世纪犹太人的生活越来越难以忍受，但对其他人而言，这是一个日益繁荣和奢侈的时期。中世纪最富有阶层修建的豪华建筑成为约翰·古道尔《英国城堡》的素材（Yale University Press, 2011）。该书引人入胜、美图耀眼，图表数以百计，盖棺论定地展示，大多数城堡极少防卫功能，更多的是为了炫耀显赫地位和财富。

突然发现城堡是法国人的发明，是在诺曼人征服英格兰时输入的，有人仍然觉得很伤感情。在詹姆斯·坎贝尔（James Campbell）的书中，他们应该感到安慰。在坎贝尔编辑的《盎格鲁–撒克逊人》（*The Anglo-Saxons*）（Penguin, 1991）里，他们会发现书里对诺曼征服之前英格兰人生活的描写。这本书插图丰赡，糅合历史与考古，城镇根基、建筑、钱币、书籍和金属加工各自成章。开卷一望而知，英格兰为何会成为维京人和诺曼人难以抗拒的入侵目标。

由于这些域外人的入侵，盎格鲁–撒克逊英格兰的许多物质文化业已失传，但它的许多理念仍然存活至今。2015年是英国议会创立750周年，有人大张旗鼓地宣传，议会是西蒙·德·蒙特福特（Simon de Montfort）1265年的发明。然而实际上，民主代表的基础延展得更早。20年前

就写下了蒙特福特盖棺论定传记的小麦迪科特（JR Maddicott）又在他权威的通览《英国议会的起源，924—1327》（*The Origins of the English Parliament, 924—1327*）（Oxford University Press, 2010）中，追溯了这些理念的根源。这个课题是复杂的，但小麦迪科特的论述不仅能明白如话，而且引人入胜。

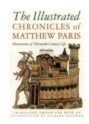

一些最早的议会描写是由马修·帕里斯（Matthew Paris）提供的。他是圣奥尔本斯修士，爱唠叨，13世纪后半叶名重一时。他描写周遭世界，细腻生动，偶尔食古不化；精彩之笔包括滨海小镇温切尔西被海水吞没、好斗的博尼法斯大主教暴打修道院副院长、一位诺福克骑士被一群暴徒阉割。他还是天才的艺术家，他的许多迷人的画作被收录进《马修·帕里斯的绘本编年记：13世纪生活的观察》（*The Illustrated Chronicles of Matthew Paris: Observations of Thirteenth-Century Life*）（Sutton Publishing, 1993）。这本书是13世纪二三十年间精彩生活的全景式扫描。

帕里斯提及1249年在怀特岛发现的一个矮人，他被亨利三世王后、普罗旺斯的埃莉诺（Eleanor of Provence）收养。埃莉诺13年前与亨利三世结婚，当时亨利三世28岁，她才12岁。但她很快成为政治强人，在许多方面甚至比国王亨利三世更决断。玛格丽特·豪厄尔（Margaret Howell）的《普罗旺斯的埃莉诺》（*Eleanor of Provence*）（Wiley, 2001）讲述了她的故事，以及13世纪英格兰王后们的故事，妙笔生花。

马克·莫里斯，专攻中世纪历史，其最新著作是《威廉一世（企鹅君主）：英格兰的征服者》〔*William I（Penguin Monarchs）: England's Conqueror*〕，Allen Lane，2016。

犯罪现场分布图（本书第137页）地名对照表
（自左至右一由上而下）

城外西：To Westminster 西往威斯特敏斯特

HOLBORN 霍尔本

SMITHFIELD 史密斯菲尔德

St Batholomew's Hospital 圣巴塞罗缪医学院

Temple Church 圣殿教堂

THE TEMPLE 圣殿

Fleet Street 舰队街

Fleet River 舰队河

FARRINDON 法灵顿

城外东：PORTSOKEN 波尔索肯

城墙内：GREYFRIARS 格雷弗莱尔教堂

St Lawrence Jewry 圣劳伦斯犹太教堂

BASINGHALL 贝辛霍尔街

BISHOPSGATE 主教门

ALD GATE 阿尔德门

St Paul's 圣保罗大教堂

Guildhall 市政厅

Newgate Street 新门街

Broad Street 布罗德盖特街

CHEAPSIDE 齐普赛街

Broad Street 阔德威纳街

Grocer's Hall 杂货商大楼

CORNHILL 康希尔街

Gropecunt Lane 摸阴巷

St Pancas Soper Lane 圣潘卡斯索珀巷

BLACK FRIARS 黑衣修士火车站

CASTLE BEYNARD 贝纳德城堡

QUEENHYTHE 王后区

VINTRY 温特里

DOWGATE 道盖特门

BILLINGSGATE 比林斯门

Candle Street 蜡烛街

Tower Street 塔街

Tower of London 伦敦塔

河流：River Thames 泰晤士河

南岸：Winchester Palace 温彻斯特宫

Priory of St Mary Overy 圣玛丽奥弗里修道院

　　《中世纪的生活：平民的故事》是我为花城出版社翻译的第10本书，其余的书是：《游戏的人：文化中游戏成分的研究》（含一、二版）、《中世纪的秋天：14世纪和15世纪法国与荷兰的生活、思想与艺术》、《驱逐：被遗忘的美国排华战争》、《17世纪的荷兰文明》（含一、二版）、《中国传奇：美国人眼里的中国》、《初闯中国：美国对华贸易、条约、鸦片和救赎的故事》、《迫害、灭绝与文学》。

　　20年来，我反复重申五个"对得起"的庄严承诺：译者要对得起作者、读者、出版社、自己和后世。《中世纪的生活》明白晓畅，翻译时不存在偏狭知识和艰深文字的挑战，但我仍然小心谨慎，不敢懈怠，因为浅易的文字也可能使人疏忽大意。我希望译文能比肩原文，给读者带来美的享受。

何道宽

于深圳大学文化产业研究院

深圳大学传媒与文化发展研究中心

2023年9月3日

BBC HiSTORY　译者介绍

　　何道宽，深圳大学英语及传播学教授，荣获翻译文化终身成就奖（2023），深圳市政府津贴专家、资深翻译家、《中国传播学30年》（2010）《中国新闻传播学年鉴》（2017）学术人物，《国际新闻界》（2016年9月）"名家聚焦"人物、《中国新闻传播教育年鉴》（2021）"名师风采"人物，曾任中国跨文化交际学会副会长（1995—2007）、广东省外国语学会副会长（1998—2007）、中国传播学会副理事长（2007—2015），现任中国传播学会终身荣誉理事（2022— ）、深圳翻译协会高级顾问（2005— ），从事英语语言文学、文化学、人类学、传播学研究40多年，率先引进跨文化传播（交际）学、麦克卢汉媒介理论和媒介环境学，著译论文字逾2000万。著作和译作逾100种（著作85万字，论文约40万字，译作逾2000万字）。

　　著作有《夙兴集：闻道·播火·摆渡》、《中华文明撷要》（汉英双语版）、《创意导游》（英文版）。电视教学片（及其纸媒版）有《实用英语语音》。

　　译作逾100种，要者有：《文化树》（含一二版）、《理解媒介》（含一二三四版）、《技术垄断》（含一二版及繁体字版）、《数字麦克卢汉》（含一二版）、《游戏的人》（含一二版）、《中世纪的秋天》（含一二版）、《17世纪的荷兰文明》（含一二版）、《裸猿》三部曲（含再版）、《麦克卢汉传：媒介及信使》（含一二版）、《传播的偏向》（含一二三版）、《帝国与传播》（含一二三版）、《超越文化》（含一二版）、《新新媒介》（含一二版）、《媒介环境学》（含一二版、简体字版和繁体字版）、《模仿律》（含一二版）、《麦克卢汉精粹》（含一二版）、《思维的训练》、《思想无羁：技术时代的认识论》、《手机》、《真实空间》、《麦克卢汉书简》、《传播与社会影响》、《新政治文化》、《麦克卢汉如是说》、《莱文森精粹》、《与社会学同游》、《伊拉斯谟传》、《口语文化与书面文化》、《传播学批判研究》、《重新思考文化政策》、《交流的无奈：传播思想史》、《作为变革动因的印刷机》、《无声的语言》、《传播学概论》（施拉姆）、《软利器》、《迫害、灭绝与文学》、《菊与刀》、《理解新媒介：延伸麦克卢汉》、《字母表效应》、《变化中的时间观念》、《文化对话》、《媒介、社会与世界》、《群众与暴民：从柏拉图到卡内蒂》、《互联网的误读》、《中国传奇：美国人眼里的中国》、《初闯中国：美国对华贸易、条约、鸦片和救赎的故事》、《驱逐：被遗忘的美国排华战争》、《乌合之众》、《个性动力论》、《媒介即按摩》、《媒介与文明：麦克卢汉的地球村》、《余音绕梁的麦克卢汉》、《指向未来的麦克卢汉》、《公共场所的行为》、《文化科学》、《创意生活》、《公共文化、文化认同与文化政策》、《被误读的麦克卢汉：如何校正》、《心灵的延伸》、《什么是信息？》、《震惊至死》、《文化肌肤》、《数据时代：可编程未来的哲学指南》、《被数字分裂的自我：意识如何被让与互联网》、《中世纪的生活：平民的故事》、《持续不懈的创新：艺术、文化与创意产业的发展》、《个人数字孪生体》、《柏拉图导论》、《伟大的发明：从洞穴画到人工智能》、《假新闻：后真相世界里如何生存》、《麦克卢汉如是说：理解我》等。

论文50多篇，要者有《介绍一门新兴学科——跨文化的交际》、《比较文化之我见》、《中国文化深层结构中崇"二"的心理定势》、《论美国文化的显著特征》、《和而不同息纷争》、《多伦多传播学派的双星：伊尼斯与麦克卢汉》、《异军突起的第三学派——媒介环境学评论之一》、《游戏、文化和文化史：〈游戏的人〉给当代学者的启示》、《破解史诗和口头传统之谜》、《麦克卢汉：媒介理论的播种者和解放者》、《莱文森：数字时代的麦克卢汉，立体型的多面手》、《文化政策需要顶层设计》、《媒介环境学：从边缘到殿堂》、《冒险、冲撞、相识：美中关系史第一个一百年的故事》、《泣血的历史：19世纪美国排华史揭秘》、《罗伯特·洛根：麦克卢汉思想圈子硕果仅存的跨学科奇人》、《尼尔·波斯曼：媒介环境学派的一代宗师和精神领袖》等。